未来哲学系列

汉语哲学论

基于现象学语言哲学的视角

孙周兴 著

上海人民出版社

目录

第二章

翻译的限度与汉语哲学

——由安乐哲的汉英翻译经验引发的若干思考

....61

附录

《存在与超越》增补版后记

后记

自序

什么是现象学的视角？

2023 年 11 月 3 日，我在澳门大学哲学与宗教学系游学，收到上海华东师范大学哲学系刘梁剑教授的一个提问：何为汉语哲学？他突发奇想，邀请国内多位学者线上答题。早上用餐时，我只回复了他一句话："汉语哲学是以汉语为观念构成方式的哲学。"几分钟后，想想不是太稳重，又加了一句，变成"汉语哲学是以汉语为观念构成方式，也即通过汉语完成观念构成的哲学"。"定义"要简单，而我下的这个"定义"中，"以汉语为观念构成方式"会有歧义，所以赶紧补充

"通过汉语完成观念构成"云云。梁剑不久就把他征集到的其他学界同仁的答题发了上来，我浏览了一遍，发现自己这个"定义"好像是最简单的。

所谓"观念构成"是我自己的说法，是我重新表达了现象学哲学家胡塞尔所说的"普遍化"。胡塞尔说有两种"普遍化"方式，一是"形式化"，二是"总体化"。"形式化"方式是西方哲学的理想和目标，而"总体化"方式却是更广大和更自由的，欧洲的与非欧洲的地方和族群，都可能有"总体化"方式，科学的与非科学的活动，都可能是"总体化"方式。"总体化"这种"观念构成"方式虽然不一定严格，不一定科学，但谁说只有"严格的""科学的"才是优秀的和高等的？对自然人类生活来说，"不严格"和"不科学"才是正常。

我为本书立了一个副标题：现象学语言哲学的视角。其实，其中的"语言哲学"是多余的，因为现象学本身同时就是一种语言哲学。

于是我的问题是：什么是现象学的视角？这里我只能讲三点：

第一，现象学的视角是直接的和生动的视角。这是胡塞尔所谓"面向实事本身"这个现象学原则的思想要求。现象学就是一种直截了当的考察姿态和思想态度。被理论化的人不再能直接地言说和行动，而总是拐弯抹角，绕道而行。我们的言行总是需要"中介"，被中介化了。尤其是，我们总是被各种理论和学说——过多的观点和见解——所掌握和支配，以至于要是没有各种理论和学说，我们就无以言和行了。于是"理论"成了僵死学术和生活的代名词。此其一。其二，胡塞尔现象学的"本质直观"告诉我们，"本质"——即"观念""共相""普遍性"——是可以直接看到的，可以直接把握的。对个别红的事物的直观与对"红本身"即"红"这个"本质—观念"的直观是同时发生的，而且可以说是互为条件的。这话听起来奇怪，其实是更合乎实事本身的。我们当下的观念生活没有理论家们所设想的那样繁复、疏离和抽象，我们的意义接受和语言理解是直接而生动的，这样的生活世界才是有意思的和温暖的。这就是现象学的视角，它的直接性要求粉碎了传统哲学的间接性、中介性和抽象性，把感性生活世界与超感性的观念—理论领域融为一体。

第二，现象学的视角是关联的或关系的视角。我认为这是现象学最突出的一个贡献。试想，在互联世界尚未真正启动的时代里已经预言了关联性世界和关联性思维，这是何等豪迈之举！现象学作为 20 世纪的新哲学之所以受到持久的关注，得以持续进展，当然不是没有原因的。长期以来，自苏格拉底以降，欧洲哲学和科学就是一根筋的线性思维，换种说法是"因果说明"，所设定的前提是凡事凡物皆有根据/原因，所谓"根据律"是也。这种执念不无道理，事与物之所以这样而不是那样，自然是有"原因"的。由此发展起来的"理论"体系或"哲学"方式便自觉地负起了两项任务，其一是为个人观点做出论证，其二是为个人行动做出辩护。两下其实都是找"理由"。此事本身似乎没有大问题，但它的单向性和直向性严重挤压和伤害了其他人性因素和意义向度。再有，以"因果说明"为表征的传统线性思维是以直线时间观为基础的，后者从19世纪以来已经深受怀疑。尼采就说，世上哪有直线啊？在哲学上，是胡塞尔的意向性学说真正扭转了局面。事物的存在或意义不在于"物我二元"，即"自在性"和"为我性/对象性"，而在于"物我关联"，即事物如何与我们相关联，以何种方式给予我们。对这种"关联性"而言，线性因果说明就无法成立和成功了。关联性思维引我们充分关注当下生活语境和生活世界，同时又有宏大的指引性和超越性，指向更广大的语境和世界。

第三，现象学的视角是多元的和开放的视角。"多元"和"开放"差不多成了套话和废话，但其实说来容易做来难。广义现象学的反理论要求就已经透露了它的自由开放特征。前述现象学的直接性和关联性也多少指示着思想的敞开。现象学继承了尼采的视角论，在这个碎片和多元的世界现实中采取了一种偏于相对和开放的思想姿态。没有唯一的绝对的真理，而只有被视角和视域所规定的相对的真理。这里得不出消极虚无主义的结论，难道没有绝对真理就没有真理了？难道相对的真理就不是真理了？现象学总的来说是多元的和开放的。但这并不是说，广义现象学彻底滑向了相对主义和虚无主义，恰恰相反，现象学的开创者胡塞尔坚定地站在相对主义和虚无主义的对立面，后起的实存哲学家如海德格尔更倾向于语境——世界论，并且通过对"真理"概念的拓展，对多元现实和多样经验保持了极大的自由姿态，但同时，海德格尔的哲思依然具有准形而上学的构成性。

从现象学的视角看汉语哲学，要求我们直接面对汉语思想经验，尽可能勿被各种主义和立场所捆绑；而众所周知，我们已被"中西古今"的各种主义和立场之争纠缠了好多年，可以说多半是一些撇开实事本身的无谓争论。所谓汉语思想经验，以我上面的说法就是汉语的"观念构成方式"。如果落实到"观念构成"这一"思想实事"上来，我认为许多忧虑和争议皆可化解，诸如"中国哲学的合法性"之类的莫名其妙的争论，大概也可省省了——汉语文化有自己的思想体系和观念构成方式，可以命之为"哲学"，也可以称之为"思想",这一点需要争论吗?还有,我们把哲学学科分为"中国哲学"与"外国哲学"等,弄得泾渭分明,互不搭界,好像所谓"外国哲学"不属于汉语哲学或中国哲学似的,这实在也是不应该的。凡是用汉语实现观念构成的,都属于"汉语哲学"。更有甚者,西哲汉译(汉语哲学译著)是不是"汉语哲学"呢?当然也是,特别是在20世纪的历史进程中,西哲汉译至少占了"汉语哲学"的半壁江山,极大地丰富了汉语经验世界,汉语的观念构成方式(哲学的与非哲学的)受到了汉译西方哲学著作的深度影响和改造。就此而言,"汉语哲学"恐怕是比作为学科方向或专业的"中国哲学"更为广义的——如果两者含义接近或者相等,还有必要专门提出"汉语哲学"这个概念来吗?

2023 年 11 月 3 日记于途中

第一章

存在与超越

——西哲汉译的困境及其语言哲学意蕴[1]

一、两大译名之争

最近一些年来，中国哲学界越来越重视西

---

1. 本文系作者 2011 年 7 月 11 日在柏林自由大学作的演讲（德文本）；中文本提交给北京大学外国哲学研究所、中国现象学专业委员会主办的"存在、现象与理性——纪念熊伟诞辰 100 周年现象学研讨会"（2011 年 10 月 8—9 日，北京）。感谢柏林自由大学汉斯·费格（Hans Feger）博士和北京对外经贸大学冯晓虎教授对本文提出的批评意见。眼下的文本为扩充修订本。原载《中国社会科学》，2012 年第 9 期。

方哲学汉语译名的反省和检讨，特别是围绕"存在"（Sein，Being）和"超越"（Transzendenz，Transcendence）以及相关的基本词语的汉译展开了激辩。参与辩论者数量之众和激起的反响之大颇令人惊奇，由此引出的问题之繁多和复杂，值得我们进一步加以讨论、总结和反思。

其中最大的争议可以概括为两项：

第一，有关"存在"与"是"的译名之争，即汉语学界是否应该把通译为"存在"的名词On（希腊文）、Sein（德文）、Being（英文）改译为"是"，从而使之与系词"是"——einai（希腊文）、sein（德文）、to be（英文）——达成一致。[1]

---

1. 有关"存在"和"是"的争论的主要文献，参见宋继杰主编：《Being与西方哲学传统》，两卷本，河北大学出版社，2002年。

第二，有关"先验"与"超越论"的译名之争，即汉语学界是否应该把"先验的"（transzendental）这个通译名改译为"超越论的"，从而使之更能与名词"超越"（Transzendenz）以及相应的形容词"超越的"（transzendent）达成统一。[1]

首先，撇开义理不说，我们必须意识到这种改译所带来的巨大影响。多年以来，差

---

1. 据我所知，国内学者中主张把 transzendental 译为"超越论的"，主要有王炳文、倪梁康、王庆节等学者，多半具有胡塞尔现象学的研究背景。参见胡塞尔：《欧洲科学的危机与超越论的现象学》，王炳文译，商务印书馆，2002 年；倪梁康首先在其《胡塞尔现象学概念通释》（生活·读书·新知三联书店，1999 年）第 456 页上参考日语译法，提出了"超越论的"一译，但并未放弃"先验的"这个通译名。近年来则有多位学者介入有关 transzendental 译名的讨论，如邓晓芒、王庆节、钱捷等。

不多有一个世纪了，我们一直都在说"存在"（在中国港台地区则多半用"存有"）以及"存在者"（在港台地区则多半用"存有者"），而现在则被改变为"是"以及"是者"了。我们一直都在使用"存在论"或"存在学"译名（在港台地区则多半是用"存有论"）——当然还有流传更久更广的旧译名"本体论"，现在则被改译成"是论"了。我们一直听和说的都是"先验论""先验哲学""先验方法"和"先验现象学"之类[1]，而按照现在的改译法，只好是"超越论的哲学""超越论的方法"和"超越论的现象学"

---

1. 尤其在"文化大革命"中，经由毛泽东对与"唯物论的反映论"相对立的"唯心论的先验论"的批判，"先验论"一词在中国可谓已经深入人心，不仅是学术话语，甚至也已经进入日常语境了——虽然更多是带有贬义的。

了。毫不夸张地讲，这种对"基本词语"的改变是有某种震撼作用的，在语言感觉和语言经验上给人的冲击是相当强烈的，对当下汉语学术讨论语境有破坏和摧毁的效果。

其次，这种对"基本词语"的大幅度的改译以一种激烈的方式让我们想到，一个多世纪以来渐渐形成的中国现代汉语学术语言，其实还是很不可靠和不稳固的，还是可以动摇的。而这同时也就表明，我们现代/当代中国人的经验方式和表达方式，在一定程度上也是不稳定的，甚至是相当脆弱的。毕竟"思想"与"表达"是一体的。"表达"是由"基本词语"来构造的。我们固然应当对"基本词语"的恒定性和僵固化保持必要的警觉，但另一方面，对于"基本词语"的稳定性的动摇和丧失，我们也不得不给予关注。

再者，我们实在还应该来想一想：在这场有关译名改译的热烈争论中，为什么恰恰是首先从"存在"（Sein）和"超越"（Transzendenz）这两个基本词语以及与之相关联的词语开始的呢？这两个哲学术语，以及与之相关联的系列概念，诸如"存在学／本体论"（ontologia）、"先验的"（transzendental）和"超验的"（transzendent）等，进入中国也已经有一个世纪了，经历了好几代学者反反复复的译名推敲和意义辨析，然而竟然至今仍未能形成"定译"，这是何故呢？这不是也表明它们委实是十分重要的词语——重要到我们非欧洲人用非欧洲语言难以把握，甚至不能把握的地步了？

二、"存在"还是"是"?

先说"存在"或"是"。笔者一直没有介入国内哲学界前些年里关于"是 / 存在"(希腊文 einai/on,德文 sein/Sein,英文 to be/Being 等)的译名讨论,甚至觉得这种过于持久的讨论最后也未免流于空疏了。不过,由于相关的议论差不多已经成了学界常设项目,所以,我在一些会议争辩的场合里也发表过自己的一点意见,也在一篇文章里对这场讨论作了一点评论。我的看法后来被当作反驳"是"派的主张之一,基本说法是:把名词的 on、Sein、Being 改译为"是",把ontologia("存在学 / 本体论")改译为"是论",可谓用心良苦,但由于汉语本身的非形式语法特性(例如汉语并不具备词类的形式转换功能），因而这种改译将是不成功的，也无助于增进义理的理解。[1]

我至今仍然认为，把西文系动词 einai 与名词 on 统一译为"是"，也许意图是好的，也不乏理由，但根本上是徒劳无功之举；而一般地把系动词 einai 或 sein 译为"是"（在特定语境里也可译作"存在"），而把名词 on 或 das Sein 译为"存在"，相应地把学科名 ontologia 译为"存在论"或"存在学"，是可以成立的译法——哪怕是一个勉强可以成立的译法。我因此自觉地把自己归入"存在"派了——更准确的说法，我应该属于"存在 /

1. 参见孙周兴：《形而上学问题》，载《江苏社会科学》，2003 年第 5 期；后收入孙周兴：《后哲学的哲学问题》，商务印书馆，2009 年，第 3 页以下。相关评论见赵敦华：《"Being"与当代中国哲学的一个基本问题》，载《江海学刊》，2004 年第 1 期。

是"派，因为我主张分别以"存在"和"是"来对译希腊文的 on 和 einai，德文的 Sein 和 sein，英文的 Being 和 to be，但有时也把系动词 einai 译为"存在"。在今天的国内哲学界，"是"派似乎占了上风，"存在"派——或者准确地说是"存在 / 是"派 [1]——已处于弱势小众。而我既然已经公布了上述初步看法，就有必要作进一步的阐明。

在我看来，一个译词的适恰性应当尽可能满足以下两条要求：其一，要符合原词词义，力争对应，至少可以通过阐释获得意义上的对应性；其二，要符合母语语感，能够在母语（译文）上下文中构造出可理解的语

---

1. 真正说来，并没有真正的"存在"派，因为主张把名词 on 译为"存在"的学者们都不至于反对把系动词 einai 译为"是"或"存在"。

句。一个译名若不能满足这两条要求，那就不能算是一个合格的译词。我认为，"存在 / 是"（on/einai，Sein/sein）的译法是能够满足这两条的，而主张不加区分地把名词和系动词统统译成"是"的所谓"是"派，恐怕是不能满足和应对上述两条要求的。

兹举最常见的几例来解说。巴门尼德的著名残篇"因为思想与存在是同一的"，希腊文原文为：to gar auto noein estin te kai einai.（DK28 B4）[1]。其中的"思想"（noein）与"存在"（einai）都是动词不定式形式，而非名词。虽然把其中的动词（不定式）einai 译成"存在"，的确带有一点名词化的危险——

---

1. Hermann Diels, *Die Fragmente der Vorsokratiker*, Bd.1, Zürich, 1996, S.231.

但，中文的"存在"为何不可能是动词性的呢？如果我们按照"是"派的做法，把动词（系动词）不定式 einai 译成"是"，把系动词 einai 的现在时直陈式第三人称 estin 也译成"是"，从而把这个残篇译成"因为思想与是是同一的"，我实在没有看出来这样的做法对于意义的了解到底有何益处。情形倒很有可能是：这种译法反而堵塞了意义解释的可能空间。

把笛卡尔的命题"我思故我在"（ego cogito, ergo sum）[1] 改译成"我思故我是"，在汉语语感上似乎问题并不太大，但同样并未让人

---

1. 这是笛卡尔在《哲学原理》中的表述，而在《谈谈方法》中，笛卡尔把此原理写作 cogito, ergo sum。参看 Friedrich Kirchner und Carl Michaëlis, *Wörterbuch der philosophischen Begriffe*, Hamburg: Meiner, 1998, S.127。

看出有什么增进意义理解的益处，毕竟，笛卡尔是要从"我思"（cogito）推出作为主体的"自我"（ego）之"存在"（esse），进而推出上帝的"存在"以及物质世界的"存在"。若一定要说"我的是""上帝的是"和"世界的是"，那是不免让人痛苦的。问题还不止于此。关键还在于，在《第一哲学沉思集》中，笛卡尔对此命题的表述是：ego sum, ego existo。[1] 要我来译，这话就是："我存在，我

1. 冯俊认为这个表述是最正规的，因为与相对通俗的《谈谈方法》和《哲学原理》相比，《沉思集》是更成熟的专门表达第一哲学思想的学术专著。但冯俊把 ego sum, ego existo 译成"我是其所是"或"我是我所是的那个人"，恐怕是不妥当的，因为这种译法未区分 being 与 existence。参看冯俊：《开启理性之门：笛卡尔哲学研究》，中国人民大学出版社，2005年，第50—51页。

实存"[1]。我更愿意把它理解为笛卡尔对他的"我思故我在"命题的进一步表述，它透露出笛卡尔的本质主义哲学立场，即认为：个体性实存是要从观念 / 本质性的存在中推出来的，或者可以说，存在（本质）先于实存。[2]就我们本文讨论的课题而言，如若我们按照"是"派的做法，把 ego sum, ego existo 译为"我是，我实存"，那么，姑且不说语感方面的问题，这个译文至少是未能充分显示和传达其中 sum 的"实存"意义指向。

再有，最为困难的大概是对著名的康德的存在论题的处理了。如若我们按照"是"

---

1. 现有中译本把它译成"有我，我存在"，同样未区分 being 与 existence。参看笛卡尔：《第一哲学沉思集》，庞景仁译，商务印书馆，1996 年，第 23 页。
2. 我们知道，20 世纪的海德格尔（以及萨特）对此作了个颠倒，主张"实存先于本质"。

派的做法，贸然把康德的存在论题"显然，存在不是一个实在的谓词"（Sein ist offenbar kein reales Prädikat）译成"显然，是不是一个实在的谓词"，那实在是让人吃紧和担心的做法，且不说这种译文未能区分原文的不同词性（名词与动词），听起来也不免有些可怕了——是不是啊？[1]

在这方面，我愿意端出如下几点总结性的想法：

其一，即便在希腊文中，作为系动词不定式"是"的 einai 与作为名词的 on 也不是同一个词，而是两个词，是两个不同的词形，

---

1. Immanuel Kant, *Kritik der reinen Vernunft*, Frankfurt am Main, 1974, A598, B626. 李秋零译本用加引号的"是"来翻译名词 Sein，以区别于系动词 ist，也只能说是一种权宜之计。参看康德：《纯粹理性批判》，李秋零译，中国人民大学出版社，2011 年，第 417 页。

自然也分属不同的词类。[1] 更何况，系动词 einai 要根据多样的人称和时态而发生变化，从而有着丰富多样的词形；而名词 on 则要随着数和格而发生变化，也有着丰富多样的词形。为什么我们在汉语中就一定要把它们统一译为同一个"是"呢？难道这种无差别的译名不是消灭了印欧语系中系动词及其名词原本具有的多样词形，从而掩盖了相应的含义变化和含义差异吗？[2]

---

1. 与此对应的英文是 to be 与 being，分属不同的词类。"是"派代表人物王路认为：being 的通常用法是系词。参看王路：《读不懂的西方哲学》，北京大学出版社，2011 年，第 2 页。王路这个看法大成问题，因为英文中的 being 是系动词 to be 的分词和名词，本身并非系词。以"being 是系词"立论，后面的推断也难免让人生疑。

2. 在此我完全同意赵敦华的下列说法：用中文的"有""在""是"来翻译 being 是正当的、合理（转下页）

其二，把系动词 einai（是）与名词 on（存在）统一译为"是"，并没有达到预期的目的和效果，亦即要在中文译名上体现系动词 einai 与名词 on 的语法的和逻辑的联系，更没有改变这样一个事实：汉语本没有（欧式）形式化的语法，词类界限不明，词类之间没有形式转换（语法上的形式联系，如欧洲语言中动词、分词、名词等词类之间的基于语法规则的形式转换）。即便在经历了"轻度语法化"的现代汉语中，这个非形式语法化的语言特性仍然维持着。

其三，译文毕竟是要讲"人话"的，是要

（接上页）的，"我们不必为在中文中找不出一个与西文'是'词的动名词相应的词汇而感到遗憾，在我看来，这甚至还是一件幸事呢！"参看赵敦华：《"是"、"在"、"有"的形而上学之辨》，载《学人》第 4 辑，江苏文艺出版社，1993 年，第 395 页。

照顾母语语感和表达的，而"是"派在这一点上的表现难如人意，甚至令人痛苦。例如德文的 das Sein ist，译成"存在是"尚可理解，甚至于译成"存在存在"也还勉强可解（虽然也相当费劲），但如果译成"是是"就实在太不像话了；又比如德文的 das Sein ist nicht，译成"存在不是"或者"存在不存在"尚可一听（虽然也难以了解），而译成"是不是"就有点胡言乱语了，全不可听、不可理解了。[1] 这方面的例子不胜枚举，如此译法，即便不说是"语言（译文）的暴力"，至少也是不尊重母语的表现。

脱离母语学术语境，无视译词在母语语

---

1. 陈嘉映举过一个例子：若持"是"译法，则碰到 Das Ontologisch-sein des Dasein ist... 这样的句子，我们能把它译作"此是之是论之是是……"之类吗？这个技术性的困难是无法克服的。参见陈嘉映：《思远道》，福建教育出版社，2000 年，第 165 页。

境里的基本可理解性，抽象地谈论某个译名，甚至于固执一端，结果就难免沦于黑格尔对谢林的指责：黑夜观牛，凡牛皆黑。我认为，"是"派是担着这样一个风险的。

有关上面所说的译文要基于母语语境、尽可能地照顾母语语感和表达的主张，我仍愿意举出一个例子来加以说明。

在《形而上学导论》一书第三章中，海德格尔有一段话例述了系动词 sein 的不同用法，诸如"上帝在"；"地球在"；"大厅中在演讲"；"这个杯子是银做的"；"农夫在种地"；"这本书是我的"；"敌人在退却"；"狗在花园里"；"群峰在入静"；等等[1]——这是现有中文译本的译法，译者熊伟先生对各

---

1. 参见海德格尔：《形而上学导论》，熊伟、王庆节译，商务印书馆，2010 年，第 89 页（此处引文有省略）。

句子中出现的系动词 sein 的现在时直陈式单数第三人称形式 ist 未作统一处理，而是分别把它们译成"（存）在"与"是"，应该说，这是合乎原义的译法（因为系动词 sein 本来就有表存在和表判断的双重用法），也是照顾到汉语语感的译法。然而，"是"派代表人物之一王路却坚持要把这些句子中出现的系动词 sein 毫无区别地统一译为汉语系词"是"，于是，上面的句子就成了："上帝是"；"地球是"；"大厅中是在演讲"；"这个杯子是银做的"；"农夫是在种地"；"这本书是我的"；"敌人是在退却"；"狗是在花园里"；"群峰是 / 一派寂静"。[1]

---

1. 王路：《"在"、"存在"与"是"——纪念熊伟先生诞辰 100 周年，载第十六届中国现象学年会论文集《存在、现象与理性》，北京大学哲学系，2011 年（转下页）

这委实是一项颇为有趣的译文试验；而在我看来，也正是这种改译暴露了"是"派的主要问题和困难。且不说王路所建议的译文"上帝是"（德语原文为 Gott ist）和"地球是"（德语原文为 Die Erde ist）完全没有传达出原文句子中应有的"存在"之义，像"狗是在花园里"——德语原文为 Der Hund ist im Garten——这样的译文，我认为就不是正常的翻译，甚至完全可以说是一个错误的翻译，因为在日常的（正常的）语境里，我们总是会问"狗在哪儿？"——答曰"狗在花园里"，而不至于问"狗是在哪儿？"——答

（接上页）10 月，第 68 页。同样内容也见王路：《读不懂的西方哲学》，北京大学出版社，2011 年，第199 页。

曰"狗是在花园里呀"。只有在异常的、需要特别加以强调的情境下，比方说，当"狗在花园里"这个陈述句的真实被质疑而受到进一步追问时，我们才会说"狗是在花园里呀!"不过，在后一种情况下，句子中的"是"与其说是一个系词，还不如说是一个副词了。[1]

　　一"是"到底的"是"派主张的窘境于此可见一斑了。我们认为，哪怕是学术文本的翻译，尊重母语语感的恰当性和表达的自然性也应该是一项基本的要求。无论有何种理由，狗是不能被"是"在花园里的!

---

1. 王力早就指出过，"是"字并非在任何情况下都是系词，比如，当谓语不是名词性质的时候，谓语前的"是"就不是系词，如"他实在是很爱你"。参见王力:《汉语语法史》，商务印书馆，2003 年，第 181 页。

有论者总结了"是"派的三个理由：其一，on（Sein, Being）是最普遍的概念和范畴，中译名自然要有相当的普遍性，而"有"和"存在"这两个汉语词语都达不到这种普遍性，只有"是"最适合；其二，作为系词的 einai（sein, to be）是印欧语言中非常基本的词语，包含该词的语言结构是一种非常基本的语言结构，我们不能把它翻译成一个无法根据句法来判定的词语；其三，on（Sein, Being）之所以难译，是因为它反映了中西哲学的差异，故把它直译为"是"，可以显示这种差异。[1]

这三条好听的理由其实都是经不起推敲

---

1. 参见杨学功：《从 Ontology 的译名之争看哲学术语的翻译原则》，载宋继杰主编：《Being 与西方哲学传统》，第 296 页以下。

的。我们在这里只设如下三问：其一，为何"存在"的普遍性程度就一定不及这个"是"呢？汉语中作为名词的"是"是生造出来的，它的普遍性又是如何获得的呢？[1]其二，把系词 einai 译成"是"，恐怕谁都不会反对（"存在/是"派或"存在"派也没有反对过），但因此就能推出名词 on 也得译成"是"吗？通过把 on 也译成"是"，我们在作为名词的"是"与作为系动词的"是"之间建立了语法联系了吗？其三，这样一种无

---

1. 这里我们撇开了汉语中系词的"是"的形成史问题。按照王力的看法，汉语在上古时代没有系词产生，上古汉语的判断句一般以"也"字煞句；汉语真正系词的产生，大约在公元 1 世纪前后，即西汉末年或东汉初年，由指示代词发展出来的系词"是"，代替语气词"也"字而在判断句中起经常作用，乃是中古时期的事。参见王力：《汉语语法史》，第 181 页以下。

差别的译文处理真能更好地反映中西哲学的差异吗？刻意地追求译名的奇异费解（如汉语中作为名词的"是"）是通向异质文化理解的可靠通道吗？

无论"是"派还是"存在"派，估计在一点上是有共识的，即 einai 和 on 难以译成中文。中国最早的古希腊哲学研究者陈康早就指出过：希腊文的 on 和它的动词 einai，以及拉丁、英、法、德文里与它们相当的字皆非中文所能译，因为中文里无一词的外延是这样广大的；作为最早的"是"派，陈康也看到："这也许不仅是翻译上的问题，进而牵涉到可怕的问题。"[1]

---

1. 这是陈康在 1940 年的《尼古拉·哈特曼》一文的注释中的表态，见汪子嵩、王太庆编：《陈康：论希腊哲学》，商务印书馆，1990 年，第 476（转下页）

这当然是对的。那么，陈康所谓"可怕的问题"是什么呢？我想，无非是指中西哲学传统之间的交流和沟通之难，两者之间的隔阂之深。但关键是要了解这种困难和隔阂的原因所在。原因在于语言差异以及由此引起的限制。

与陈康同时代的哲学家张东荪已经认识到了这一点，并且从语言差异的角度对中国思想文化传统的特质作了探讨。在题为《从中国言语构造看中国哲学》的重要论文中，张东荪提出了他的总体观点："中国言语上没有语尾变化，以致主语与谓语不能十分分别，这件事在思想上产生了很大的影响。现

（接上页）页。尼古拉·哈特曼为陈康的导师，德国20世纪上半叶著名哲学家，恰以"存在学／本体论"（Ontologie）研究著称，著有"存在学三部曲"。

在以我所见可举出四点：第一点是因为主语不分明，遂致中国人没有'主体'（subject）的观念；第二点是因为主语不分明，遂致谓语亦不成立；第三点是因没有语尾，遂致没有 tense 与 mood 等语格；第四点是因此遂没有逻辑上的'辞句'（proposition）。"[1] 张东荪进一步展开分析了上述四点的后果，大致的想法和结论是：主体不分明，乃至思想上"主体"（subject）与"本体"（substance）的概念不发达；谓语不分明，必致思想上不但没有本体论，而且还偏于现象论（phenomenalism）；没有语尾变化以致在思

---

1. 张东荪：《从中国言语构造上看中国哲学》，载张汝伦编选：《理性与良知——张东荪文选》，上海远东出版社，1995年，第337页。张氏此处所谓"辞句"现在通译为"命题"。

想上范畴的观念不会发达；文言中没有与 to be 相当的系动词，逻辑命题难以成立，也就难有逻辑的推演体系。[1]

张东荪上述关于汉语特性的观点当然是不无争议的，尤其在语言学界。首先我们注意到，张东荪的观点也不能算新鲜的观点了，欧洲 18、19 世纪的一些研究者，包括哲学家莱布尼茨与语言学家威廉·冯·洪堡等，都持有类似的观点，但已经受到当今欧洲学者和中国学者的一些质疑。确实，无论是张东荪所谓"主语不分明，所以中国人没有主体观念"以及所谓"谓语亦不成立"之说，还是所谓"没有语尾，就没有 tense 和

---

1. 张东荪：《从中国言语构造上看中国哲学》，载张汝伦编选：《理性与良知——张东荪文选》，第 337—349 页。

mood"之说，还是关于汉语没有逻辑上的"辞句"（即命题）的主张，都是值得商榷的，而且是不难通过一些具体的语词和语句的例证来加以质疑的。

若撇开这些细部的争议不谈，我仍旧愿意说，张东荪对于母语（汉语）特性的体认不乏高明之处。其实，张东荪强调的只是一点：汉语没有词尾变化，不是欧式屈折语。这一点也是威廉·洪堡的观点。洪堡把汉语当作典型的孤立语，而与作为典型的屈折语的梵语构成为明显的两极。洪堡认为，汉语与其他语言之间的区别可以归于一个根本的事实："在把词联结为句子时，汉语并不利用语法范畴，其语法并非建立在词的分类的基础之上，而是以另一种方式在思想中把语言要素的关系固定下来。其他语言的语法有词源和句法两个部分，而汉语只有句法部分。"[1]
汉语缺乏语法形式，洪堡由此认为，这一点
就使得汉语落后于那些具有完善的语法形式
的语言，[2] 又说"汉语的风格以其令人惊诧的
效果束缚了形式表达的发展"。[3] 应该承认，
洪堡此说是受到了当时主流时代精神的影
响，明显带有"印欧语言中心论"的倾向。
但我们认为，这种倾向并不影响洪堡对汉
语语言特性的认识和把握，相反，洪堡从
语法形式角度对汉语特性的分析是十分深
刻的。

　　同样地，张东荪也特别关注词尾变化，

1. 洪堡特：《洪堡特语言哲学文集》，姚小平编译，湖南
　　教育出版社，2001年，第123页。
2. 同上书，第164页。
3. 同上书，第121页。

并且十分高明地把这一语法现象与哲学范畴联系起来。他认为，亚里士多德的"十范畴"完全是由文法上言语的格式而成，均以词尾变化表现出来；而没有词尾变化的东方语言就不可能形成范畴。[1] 张东荪此说与法国语言学家邦文尼斯特（Benveniste）的观点不谋而合，邦氏也认为，亚里士多德的"十范畴"乃是"一种特定语言状态的反映"。[2] 法国汉学家谢和耐进一步发挥说，中国文明是建立在一种与印欧语言完全不同的"语言模式"之上的；汉语不具备任何语法范畴，词法独特，汉语中的动词与形容词、副词与

---

1. 张东荪：《从中国言语构造上看中国哲学》，载张汝伦编选：《理性与良知——张东荪文选》，第 344 页。
2. 参见邦文尼斯特：《思想的类型和思想的类别》，转引自谢和耐：《中国和基督教》，耿昇译，上海古籍出版社，1991 年，第 346 页。

补语、主语与表语表面上没有任何区别；汉语也没有表示"存在"的动词，因此中国人没有那种稳定的、永久的和超越可见事实的"存在"观念。[1] 在这里，中国的张东荪和欧洲的谢和耐一并触及的问题实质和核心在于：汉语本身的非语法性、非形式性限制了汉语思维中的形式化因素和逻辑化倾向的生成。

大家知道，希腊的名词 on 与动词 einai 具有语法上的形式联系；而后世关于 on 的学问，即 ontologia（存在学 / 本体论），是一个首先由希腊语来表达的形式范畴体系。希腊语的形式语法为希腊形式思维的出现提供了基础，当然，反过来我们也可以说，希腊

---

1. 谢和耐：《中国和基督教》，第 347—348 页。

形式思维（哲学和形式科学的思维）是希腊语走向语法化的前提，这两方面是互为条件和互为因果的，差不多有"先鸡后蛋"还是"先蛋后鸡"的不可逆溯的关系。一个历史证据是：起源于古希腊的两门形式科学即几何学和逻辑学（形式逻辑），与希腊语法学差不多是在同时期出现的，都在公元前4世纪至公元前3世纪之间。

反观我们这里讨论的中文方面的情况，名词"存在"和作为系动词的"是"严格说来都属于译词，[1] 在两词之间当然是不可能

---

1. 此说自然会受到大多数语言学家的反对。按照王力的看法，中古时期在汉语中出现了系词句，"是"成为一个必要的系词，且可以被副词所修饰，可以在前面加否定词"不"字。参见王力：《汉语语法史》，第193页以下。哲学家张东荪则坚持认为，"中国言语中没有和西文动词 to be 相当的字"。参见张东荪：（转下页）

有语法上的形式联系的；然而，"是"派现在主张以"是"来统一翻译名词 on 和系动词 einai，于是就得出了两个"是"，亦即与 on 对应的名词"是"和与 einai 对应的系动词"是"（例如在康德的存在论题中的"是不是"，前"是"为名词，后"是"为动词），那么，这两个"是"之间因此就有语法联系了吗？显然不可能有——两者连"之间"（Zwischen）都没有了，何来联系呢？

三、"先验的"还是"超越论的"？

上面讲的是国内哲学界围绕"存在"

（接上页）《知识与文化》，岳麓书社，2011 年，第 210 页。我们的说法只有在作为语法范畴的"是"的意义上才是成立的。

（Sein）译名的争论，接着我们还要说说有关"超越"（Transzendenz）的译名和问题。需要预先指明的是，"存在"问题与"超越"问题本就是紧密关联着的，甚至就是一体的问题，但在汉语学界，关于"存在"译名的争论与关于"超越"译名的争论却并没有相互关联起来，这在一定程度上也表明，我们的争论多半停留在表层，未能深入到实质义理之中。

有关"先验的／超越论的"这个译名之争，我已经撰文予以讨论，这里再做一次总结和补充。[1] 名词 Transzendenz 通译为"超越（性）""超越者"等，问题不大，似乎还没

---

1. 孙周兴：《先验·超验·超越》，载《德意志思想评论》第一卷，同济大学出版社，2003年，第82—100页；后收入孙周兴：《后哲学的哲学问题》，第20页以下。

有人特别提出过异议。而汉语学界对与之相关的两个形容词的理解和翻译就乱套了，至今未能形成定译。transzendental 一词有"先验的""超验的""验前的"等译法，现在更增加了"超越论的"一译；而 transzendent 一词则有"超验的""超越的"等译法。我个人主张维持"先验的—超验的"这个已经比较定型的译法。

最近的争议集中在 transzendental 一词的汉译上。我们通常译为"先验的"，王炳文、倪梁康等学者主张把它改译为"超越论的"。他们的主要理由都停留在知识论层面上，认为该词标识的是一种知识论的立场和态度。王炳文在把"先验现象学"改译为"超越论的现象学"时指出，在胡塞尔那里，transzendental 一词指的是一种区别于"自然的"思想态度、超出生活和科学的自然的实证性的研究态度。[1] 倪梁康认为，transzendental 在康德那里不仅是指经验的可能性条件，而且也指示着自我的反思维度，所以要译为"超越论的"。我不想说他们提出来的理由有什么不对。但问题的关键在于，transzendental 仅只标识一种知识论立场吗？即使在康德那里，transzendental 问题也不只是知识论的问题，否则，我们如何来理解康德所谓的"一般经验的可能性条件同时也是经验对象的可能性条件"一说呢？[2]

于是，相关的争议实际上落实到一个根

---

1. 王炳文："译后记"，载胡塞尔：《欧洲科学的危机与超越论的现象学》，第 662 页以下。

2. Immanuel Kant, *Kritik der reinen Vernunft*, A158, B197.

本问题上了：transzendental 问题只是一个知识论的问题吗？抑或它同时也是——甚至首先是——一个"存在学／本体论"（ontologia）的问题？如果它只是一个知识论的问题，那么，我们可以认为，把 transzendental 译为"超越论的"在一定程度上是成立的——尽管这个译法未必能很好地传达康德所谓"经验的可能性条件"之义。然而，在我看来，特别是根据海德格尔的形而上学观来看，transzendental 问题首先是一个存在学／本体论的问题，而不只是在康德那里出现的知识论的问题。在海德格尔关于形而上学问题结构的描述中，他用 transzendental 来表示欧洲哲学自柏拉图以来的本质主义追问方式和思想方式，即指向"共相""理念""本质""普遍"——一个"形式在先"的领域——的哲学追问，而用 transzendent 来表示对于神性者或上帝——一个"等级在先"的领域——的神学追问。

简单说来，transzendental 与 transzendent 表示的是形而上学传统的两个追问路向，其一是先验—本质的追问（即存在学 / 本体论），其二是超验—实存的追问（即实存论和神学）。[1] 这是形而上学的两个"超越"方向。那么，什么是"超越"呢？我们这里不妨采纳美国学者安乐哲（Roger Ames）的说法，他把所谓的"超越"关系简化地表达为：A 决定 B，是 B 的条件，而 B 反过来不

---

1. 有关讨论可参见孙周兴：《后哲学的哲学问题》，特别是其中的《形而上学的本质之问与实存之问》《超越·先验·超验》和《西方形而上学的实存哲学路线》等文。

能影响 A，则 A 就是超越 B 的。[1] 安乐哲似乎主要关注神学意义上的"超越"，即他所谓的"上帝模式"。但实际上，在所谓的"超越"关系中，A 之于 B，是有两种可能的关系的：其一，A 可能是 B 的形式条件，在形式上先在于 B——这就是我们所讲的存在学 / 本体论或者本质主义的思想方式；其二，A 也可能在等级上高于 B，构成对 B 的支配和决定——此即我们所讲的实存论 / 神学的思想方式。前一种关系是"先验的"，后一种关系是"超验的"。如果这样来理解，则人们把 transzendental 译为"超越论的"就不好了，难以确当地表达上述关系。

---

1. 参见安乐哲：《和而不同：比较哲学与中西会通》，温海明等译，北京大学出版社，2002 年，第 113 页。安乐哲把这种"超越"关系称为"上帝模式"。

从根本上讲，无论是本质—存在学／本体论还是实存—神学，两者都不外乎是"超越论"，只不过，它们是两种不同路向的"超越论"。而为了有所区分地传达两种不同的"超越"关系和"超越"路向，用"先验的／超验的／超越"来对译德文的 transzendental/transzendent/ Transzendenz，显然要胜于"超越论的／超越的／超越"这种几乎不加区分的译名选择。

四、存在与超越的交织关系

我们已经分别讨论了"存在"（Sein）译名和"超越"（Transzendenz）译名（以及相关译名）。在本文中，我们提出了一种相当保守的主张，要求维持"存在"和"先验—超验—超越"的通译（旧译）法。上面的讨论应该已经为我们的主张提供了理由。现在我们还要来说说本文主题"存在与超越"中的"与"，也即"存在"与"超越"的"关系"。

"存在"与"超越"有"关系"吗？是我们在此用"与"所表达的并列关系吗？"存在"（Sein）当然是"存在学／本体论"（ontologia）的主题，ontologia 的直接释义就是"关于存在的学说"（Lehre vom Sein）。"超越"（Transzendenz）无疑首先是"神学"（theologia）的课题，至少在康德从中区分出"先验的"（transzendental）与"超验的"（transzendent）两个形容词之前，名词"超越"或"超越者"（Transzendenz）一直都是神性上帝的指称，因而一直都是"神学"的主题。然而，如果我们把"存在"仅仅理解为"存在学／本体论"的课题，而把"超越"仅仅理解为"实存哲学／神学"的课题，我们就未免把事情简单化了，因为我们显然过于简单地理解了西方形而上学的两门核心科学之间的关系。

值得说明的是，当我们把"存在学／本体论"和"神学"说成"形而上学"的两门核心科学时，我们并不是在"形而上学"的通常被贬义化的含义上来使用这个词的；相反，我们采纳的"形而上学"的本来意义，既是康德的形而上学概念，同样也是尼采和海德格尔的形而上学理解。在康德的概念中，"存在学／本体论""心理学""宇宙学"和"神学"被视为形而上学的四大部门，而其中的 Ontologia 与 Theologia 显然是最持久、最核心的两个部门。尼采把一切形而上学都称为"柏拉图主义"，断定一切形而上学都是根据"超感性领域"来评价一切的"价值形而上学"，而当尼采说虚无主义者"对于如其所是地存在的世界，他断定它不应当存在；对于如其应当是地存在的世界，他断定它并不实存"[1]时，他无疑是以否定的方式表达了形而上学之"存在学 / 本体论"与"神学"的两分结构："存在世界"（本质世界）不应当"存在"（sein），而"应当世界"（理想世界）并不"实存"（existieren）。海德格尔关于形而上学的思路则更为清晰，他从问题入手，认为存在问题具有双重形态，一方面要问"存在者一般地作为存在者是什么"，这是

---

1. 尼采：《权力意志》上卷，孙周兴译，商务印书馆，2007年，第418页。

要追问"普遍""共相""本质";另一方面它又要问"何者是以及如何是最高存在者意义上的存在者?",这是要追问"神性之物"和"上帝"。海德格尔由此提出了体现存在问题之双重形态的"存在—神—逻辑学"(Onto-Theo-Logik)一说。[1]

作为形而上学的两个部门,"存在学/本体论"与"神学"绝不是相互独立、互不相干的,而毋宁说,两者无论在论题上还是在方法和表达(概念)上,都是相互依赖和相互影响的,是有着内在联系的。由于希腊哲学及其概念体系的形成在先,所以总的来说,在历史上,尤其在中古和近代时期,(基督

---

1. 海德格尔:《路标》,孙周兴译,商务印书馆,2000年,第526—527页。

教）神学受起于希腊的存在学／本体论哲学的影响更为强烈，原始基督教的生命经验在历史过程中被课题化和理论化了，形成了近代理性—思辨神学的体系，这个过程可以理解为神学的存在学化／本体论化，其后果则是基督教信仰体系归于颓败和衰落，乃至于尼采终于喊出"上帝死了"。但如果我们把尼采的"上帝之死"仅仅理解为基督教神学和基督教道德的没落，那我们就想得太过短浅了；而毋宁说，尼采的"上帝之死"指示着以"存在学／本体论"与"神学"为标识的欧洲形而上学"超越性世界"——"本质世界"与"理想世界"——的式微。

康德的著名的存在论题——"显然，存在不是一个实在的谓词"——正是为应对上述形势而提出的。神学总是在动用存在学／

本体论哲学的方式方法、概念范畴，结果却导致了基督信仰的走弱和式微。康德指出，旧形而上学关于"上帝此在"的存在学/本体论证明是"抽掉一切经验，完全先天地从单纯概念中推出一个最高原因的此在"。[1] 康德希望从根本上摧毁理性神学的根基，否定存在学/本体论上的神学言说的正当性。在康德看来，说"这块石头是重的"，其中"重的"是一个实在的谓词；而说"这块石头在此存在"，其中"存在（是）"却显然不是一个实在的谓词了，因为它表达的只是个体事物的存在情况，说的是个体的此在、实存，而不是述说个体的普遍本质。如此看来，康

---

1. Immanuel Kant, *Kritik der reinen Vernunft*, A590, B618；参见康德：《纯粹理性批判》，邓晓芒译，人民出版社，2004 年，第 471 页。

德所谓"存在不是一个实在的谓词",用意在于否定理性神学用存在学 / 本体论的概念和方法来证明上帝之此在——超验的上帝是不能通过先验—本质的普遍化知识方法来证明的。[1]

在康德之后,在"存在"与"超越"问题上用力最多的西方思想家无疑就是马丁·海德格尔了。海德格尔在其前、后期思想中对"存在—超越"关系作了不同的理解。在其前期哲学中,海德格尔的哲思目标是为先验的存在学 / 本体论（ontologia）寻

---

1. 参见孙周兴:《后哲学的哲学问题》,第55—56页。赵敦华正确地指出:"康德的批判在哲学史上有石破天惊的意义,它从逻辑上割断了形而上学范畴与系词的联系。"参看赵敦华:《中西形而上学的有无之辨》,载《北京大学学报》,1998年第2期;收入宋继杰主编:《Being与西方哲学传统》,第93页。

求一个实存论—超验神学的基础，因此他才说"存在地地道道是超越"。[1]海德格尔这里使用的"超越"（或"超越性"）一词是拉丁文的 transcendens，赋予存在以"超越"含义，并非简单地把"存在学／本体论"与"实存论／神学"等同起来，而是指引着两者在路径上的关联，意即作为超越的存在是通过个体化的此在之存在的超越来实现的。正因此，海德格尔进一步说道："此在之存在的超越（性）是一种别具一格的超越（性），因为最彻底化的个体化的可能性与必然性就在此在之存在的超越（性）中。存在这种

---

1. Martin Heidegger, *Sein und Zeit*, Tübingen, 1993, S.38；参见海德格尔：《存在与时间》，修订译本，陈嘉映、王庆节译，生活·读书·新知三联书店，1999年，第44页。

transcendens〔超越（性）〕的一切开展都是先验的认识（transzendentale Erkenntnis）。现象学的真理（存在之展开状态）乃是 veritas transcendentalis〔先验的真理〕。"[1] 海德格尔的此在实存论分析具有形式—先验的意义，因此才有"先验的认识"一说，指示着此在实存论意义上的存在学 / 本体论构造，从而完成对传统主流形而上学"本质先于实存"的颠倒。

---

1. Heidegger, *Sein und Zeit*, S.38；参见海德格尔：《存在与时间》，修订译本，第 44 页。中译本把这里的 transcendens 与 transzendental 和 transcendentalis 统统译为"超越（者）"或"超越的"，显然未充分传达海德格尔前期哲学的基本思路：从此在实存论形式结构的分析入手达到对"存在学 / 本体论"的重建。海德格尔的"此在分析"具有他所谓的"形式显示的现象学"意义上的形式意义（das Formale），故可名为"先验的"（transzendental）。

在 1930 年之后展开的形而上学史批判工作中，海德格尔径直对"存在学／本体论"与"实存论—神学"及其相互关系做了结构性的宏观思考和探讨，认为两者所代表的，正是形而上学的"先验—本质"追问和"超验—实存"追问的双重路径。两者当然是有区分的，但又是相互交织在一起的，是相互"调校"（Korrektiv）的。[1] 这同时也就给出了对"存在"与"超越"之关系的历史性理解。

就本文讨论的课题而言，上述"存在"与"超越"的交织——"调校"——关系将再度构成一个坚实的理由，让我们借以反驳一"是"到底的"是"派的译法。我们显然无

---

1. 参见海德格尔：《路标》，第 71 页。

法把上面讨论过的海德格尔的命题"Sein ist das transcendens schlechthin"（"存在地地道道是超越"）翻译为"是地地道道是超越"，这不但是因为这种翻译完全脱离了我们母语的基本语感，而且——更主要地——是因为它完全错失了在此"存在"（Sein）被赋予的"实存"（Existenz）之义。无论是中古以来关于上帝此在的存在学／本体论证明，还是后期海德格尔所揭示的作为"存在—神—逻辑学"的形而上学，都显示了"存在"与"实存／超越"的内在关系以及"存在"的"实存"意义，从而让我们不可能仅仅在系词意义上来译解"存在"（Sein）。特别是像Gott ist（"上帝存在"）这样的句子，如果我们按照"是"派的建议把它译为"上帝是"，那将是相当无理、相当失败的，因为这种译法根

本就没有传达出原文 Gott ist 中的系动词 ist
所具有"实存—超越"之义。

五、余论：西哲汉译的限度

围绕"存在"和"超越"的译名争论实
际上涉及西方形而上学的根本部位，关系到
我们对于 ontologia（存在学／本体论）和
theologia（神学）这两门学问（或者科学）
的理解。如我们所说的，它们之所以如此让
国人深感费解，也表明了它们的极端重要性，
是"西学"中的根本之"学"。可以认为，有
关"存在"和"超越"的译名争论显示出中
国学者企图突破语言界限、深入了解和移植
存在学／本体论和神学的努力。作为欧洲—
西方形式科学的基础和核心，存在学／本体

论是与印欧语系语言的形式 / 语法特性紧密联结的；而与存在学 / 本体论难解难分的神学体现的是欧洲—西方式的超验神性追问，同样植根于欧洲语言文化传统之中。企图用非形式 / 非语法的汉语言来表达欧洲—西方存在学 / 本体论的先验形式性，用非超越的汉语言[1]来传达神学的超验神性，这正是一个多世纪以来中国学术界的一项基本任务，是中国几代学者的共同努力目标。这种长期的努力注定是艰苦的、惨烈的，甚至是不无危险的。

或许有人会反驳：近代以来，我们汉语

---

1. 安乐哲把以哲学和神学为核心标志的思想方式称为"超越性的思维"，把印欧语言称为"超越性的语言"，并认为汉语思想和汉语言是完全不同的"关联性的思维"和"关联性的语言"。参见安乐哲：《和而不同：比较哲学与中西会通》，第 51 页以下和第 111 页以下。

世界不是已经移植了欧洲—西方的包括形式科学（几何学、逻辑学、算术等）在内的全部科学类型吗？我们不是已经开始用汉语讨论西方哲学的学说、概念和问题了吗？我们不是也渐渐学会了西方哲学式的形式推论和逻辑思维吗？特别是在中国大陆地区，我们不是也已经把汉字简化了，把汉语语法化了吗？到最后，至 20 世纪 90 年代，我们不是也已经成功地使汉语进入了计算机，从而使之与现代形式科学（数理科学）结合在一起了吗？

　　这些都是不容否认的事实。我也愿意承认，现代汉语和汉语思维在所谓的现代化过程中已经在一定程度上被改变了，可以说是已经被"轻度形式化"或者"弱形式化"了。但我依旧认为，汉语的基本特性未曾动摇，并没有发生根本性的改变。首先，正如美国汉学家罗杰瑞所言，"汉语对外来词有极大的抵制性"。[1] 差不多在一个多世纪的时间里，汉语世界已经消化了欧洲的知识体系及其语汇，汉语（现代汉语）语汇有了巨量的增加（特别是双音词的大幅增加），但常用汉字却并没有增加。[2] 我们完全可以说，在现代化过程中，汉语世界用不到 2500 个汉字"解决"了——"消化"了——2500 年的西方文明（书写文明）。其次，语法化进程并未真正触动汉语的根本。我们当然不至于否认，自 19

---

1. 参见罗杰瑞：《汉语概说》，张惠英译，语文出版社，1995 年，第 21 页。
2. 1988 年公布的《现代汉语常用字表》共收入常用字 2500 个，次常用字 1000 个，两者相加为 3500 个汉字；饶有趣味的是，《2005 年中国语言状况报告》显示，我国常用汉字不增反减，降至 2300 左右。

世纪末《马氏文通》以来，欧洲语法的引入使得汉语走向严密化，现代汉语词类的区分变得明晰起来了，句子结构变得更加严谨了，但汉语的基本特性——我们所谓的"非形式性"，或者通常所谓"汉语无形态变化"——依然保持了下来。也正因此，"现代汉语哲学"的合法性问题才会一再地被重新提出来。

同样地，也或许有人会反驳：虽然在历史上欧洲基督教几次进出中国，在中国屡屡受到抵制和排斥，但近代以来，它不也已经在中国"安家落户"了吗？基督教的教理体系不是已经全盘被译成汉语了吗？如今在我们身边，不是已经有了很多讲汉语的基督信徒吗？

这些也都是无可否认的事实。我自然也看到，在汉语神学的理论言述与以民间乡里为主体的基督教信仰现实之间存在着某种落差，或者说，在汉语神学的理论思考与实存论意义上的中国基督教实际信仰生活之间，是存在着某种紧张关系的。但这种情况也依然不能减免我们的问题的严重性：以关联性、非形式性为特征的汉语，是否能够——以及在何种程度上能够——真正地传达由欧洲语言来表达的基督教的超验神性关系？这个问题与前述"汉语哲学"的问题是可以完全对应的。

总之，今天我们必须从思想与语言的一体性出发，来重审欧洲—西方哲学和神学的特性，进而来考量"汉语哲学"和"汉语神学"的可能性。安乐哲正是由此角度否定了"汉语＋哲学"即汉语哲学和"汉语＋神学"即汉语神学的可能性。在他看来，汉语思想和汉语言与西方哲学思维和概念方式具有完全的异质性，若硬要以"拉郎配"的方式把它们配合起来，结果只能是相互间的伤害；西方哲学界往往用西方哲学（以及神学）的概念来翻译中国思想典籍，解释中国思想，结果就免不了对中国思想文化构成歪曲和损害。[1] 说白了，安乐哲的意思无非是：中国是中国，西方是西方，我们要守住语言的边界，不可妄自僭越。这种试图完全撇清汉语思想与西方文化之关系的努力是否能有效地应对当今文化现实，还是值得质疑和讨论的，但这代表着一道至 20 世纪才得以开启的后种族中心主义（后西方中心主义）的思想眼界，其警示意义不可不察。

---

1. 参见安乐哲：《和而不同：比较哲学与中西会通》。

无论如何，我们今天面临着如下无可回避的课题和任务：首先，对西学东渐史的语言和文化意义（后果）的清理和评估。身处多元文明交织、竞争和冲突的世界性文化现实中，我们现在需要认真清理当下汉语语言和生活经验的基本构成元素，给出确当的评估，从而为指向未来的思想文化的开展和创造做准备。其次，对中西思想和语言差异的辨析和确认，以及在此基础上对于翻译（转渡）的可能性及其限度的确认。我的主张是，在今天这个以美国技术工业文化为主导的、越来越一体化（同质化）的多元文化时代里，沟通和理解固然是十分重要的，但确认差异也许是一项更为迫切的任务。与上述任务相关的还有研究者和译者之责任的确立。安乐哲竭力主张建立起负责的"语言限制"，要求中西哲学文化的研究者和译者不要搞"拉郎配"的勾当。在今天的思想文化处境里，这个要求似乎不免苛严了，因为交互文化的研究者和译者本就是媒婆和中介，翻译事业本就是力求"同化"，力求达到同一性或者为同一性的理解提供条件。——不过，恐怕话又得说回来：也正因为这样，我们才需要表达的谨慎和语言的节制。

第二章

翻译的限度与汉语哲学[1]

——由安乐哲的汉英翻译经验引发的若干思考

一、由翻译引发的哲学问题

在我们今天这个世界化的时代里，翻译已经成为人类的一种普遍性的活动了——实

---

1. 本文起于作者在同济大学哲学系与香港中文大学哲学系联合举办的"经典与翻译"学术研讨会（2005 年 4 月，浙江安吉）上的发言，当时未能成稿，会后加工而成。后于 2007 年 10 月 24 日晚在南京大学高级研究院演讲。发表时作了修订，但演讲风格仍予以保留。原以《翻译的限度与译者的责任》为题，刊于《中国翻译》，2008 年第 2 期。收入本书时作了修订。

际上可以说，现在人人都是"翻译家"，只不过有人（少数人）是直接的"翻译家"，有人（大多数人）是间接的"翻译家"——不论我们自觉不自觉，总之我们总是在"翻译"之中了。翻译问题已经不仅仅是一个语言学方面的问题，而是越来越成为一个哲学的问题了。这话的意思自然不只是说，全球诸民族语言之间、诸思想文化类型之间，正在越来越多地相互"翻译"着，而毋宁说，"翻译"本身已然是一个哲学的课题了，而且尤其是比较哲学（思想）研究领域里的首要课题。[1] 举例说来，国内学界近几年来多有争议

1. 关于"翻译"的哲学研究，现在国内已有若干扎实的成果，主要有李河：《巴别塔的重建与解构——解释学视野中的翻译问题》，云南大学出版社，2005 年；单继刚：《翻译的哲学方面》，中国社会科学出版社，2007 年。

的"中国哲学的合法性"问题，在我看首先就是一个翻译的问题，因为这个问题本身是由近代以来西方文化的引入、西方哲学的汉语翻译发起的，如若没有东渐而来的欧洲—西方哲学文化，则我们今天所谓的"中国现代哲学"根本还无从谈起。

因此，从"翻译"的角度来检讨和反思中国现代思想学术史，无疑已经成为当代汉语哲学（思想）讨论的一项基础性工作了。在这方面，国内的研究尚未见有特别可观的成绩，这是令人遗憾的。长期以来，我们多半沉湎于大而化之的主义和立场之争，而少有基于交互文化的词语经验和翻译实践之上的切实批判性分析和检讨。当然，前述"中国哲学的合法性"问题的提出，也许已经标志着学界同仁的一种自觉反省态度的生成。

毫无疑问，相对于欧洲—西方的哲学文化来说，汉语思想文化具有最大的异质性，是前者的一个最鲜明的"他者"。[1] 而因为汉语"思想"与欧洲"哲学"之间的极端差异性，两者之间翻译的张力也是最极端的。

在 20 世纪 50 年代，马丁·海德格尔与日本东京大学的手塚富雄教授做过一次关于语言问题的著名对话。当海德格尔问手塚富雄为何要动用欧洲的美学概念来解释东亚艺术时，这位日本人答道：因为自从与欧洲文化发生遭遇以来，我们东亚语言显露出某种"无能"，它缺少一种规范力量，不能在一种明确的秩序中把相关的事物表象为相互包含

---

1. 法国当代学者于连的"迂回与进入"策略，其着眼点即在于此。参看弗朗索瓦·于连：《迂回与进入》，杜小真译，生活·读书·新知三联书店，1998 年。

和隶属的对象。海德格尔却进一步追问：这种"无能"难道真的是东亚语言的一个缺陷吗？对东亚人来说，刻意去追求欧洲的概念系统，这是否有必要，并且是否恰当？手塚富雄给出了一个具有代表性的回答：看起来我们不再有什么退路了，因为现代的技术化和工业化已经席卷了全球。[1]

正是基于类似于上面这位日本人的心态，一种完全可以理解和同情的对于欧洲—西方主导的现代技术世界的"东亚态度"，近代以来的一个多世纪里，我们中国人对自己的母语失去了信心，我们一直在怀疑母语的能力，我们努力改造汉语，力图使之具有西式

---

1. Martin Heidegger, *Unterwegs zur Sprache, Gesamtausgabe*, Bd.12, Frankfurt am Main, 1985, S.82–83.

逻辑的规范力量和把握能力，以适应社会向技术世界转变的现代化进程。在这一点上，甚至连鲁迅这样一位对现代汉语写作方式和语感特性具有塑造作用和决定意义的伟大作家竟也未能免俗，着实令人扼腕。而同样令人喟叹也令人深感诡异的是，一直要到20世纪末期，恰恰是通过来自西方的现代技术发展的成果（计算机汉化技术，汉字进入电脑），国人才开始恢复了对于母语的一点儿信心。

在学理上，我们一直疏于提出上述海德格尔式的疑问：我们假定的汉语缺陷当真是一个缺陷吗？以屈折变化的印欧语言及其语法为典范来"改造"非屈折变化的汉语，是否可能，以及是否必要？如若可能而且必要，则这种"改造"的后果如何，其限度何在？

现在应该已经是时候了，我们需要重新提出和审视诸如此类的问题。而从欧洲"哲学"与汉语"思想"相互翻译的角度进入，可能更有利于我们从根本上，也即从文化的深层和语言的边界处着手来探讨此类问题。

二、超越性语言与关联性语言之间
可传译吗？

即便在汉语经过了百年现代化"改造"的今天，我们似乎仍然可以断言：因为语言上的根本差异，欧洲"哲学"与汉语"思想"之间的互译可能是最纯粹的翻译，因而也可能是最危险的翻译。[1] 因为"最纯粹"，也

---

1. 我们的这个断言涉及翻译文体差异和分类问题：在我看来，翻译大致可以分为基于学院语言的思（转下页）

就带出了翻译的可能性的问题；因为"最危险"，也就形成了翻译的限度的问题。在这方面，美国当代哲学家、汉学家安乐哲关于西方世界对中国思想的迻译工作的批判性思考，为我们提供了一个有趣的比照，可供我们借鉴。

安乐哲与郝大维（D. L. Hall）一起，用自己的母语（英语）合作了多部中国哲学（思想）研究著作（近年来多已译成中文），并且独译或者与人合译了诸多中国思想典籍，诸如《孙子》《孙膑》《中庸》《道德经》《淮南子·原道篇》等（汉译英）。我们知道，这些

（接上页）想学术翻译、基于日常语言的文学翻译、基于数理语言的科技翻译。比较而言，基于学院语言的思想学术翻译更直接、更深入地关乎民族精神的实质差异性，因而更能显突翻译的危险。

典籍早就有了最初出自传教士、后来出自近现代汉学家们的西文译本，而且多半不只有一种译本了。所以，安乐哲的工作属于"经典重译"。何以要进行"重译"呢？安乐哲明确地指出，这是基于如下认识：西方学术界对于中国哲学的了解方式存在着致命的缺陷。西方哲学研究视野中的关于中国哲学的探讨，往往是将中国哲学置入与其自身毫不相干的西方哲学范畴和问题框架中加以讨论。[1]

更具体地说，原因在于语言。安乐哲认为，西方学者在迻译中国古代思想术语时，经常会采取欧洲—西方的"超越性语言"，例如，对儒家的"天"和道家的"道"作神学

---

1. 安乐哲：《和而不同：比较哲学与中西会通》，温海明等译，北京大学出版社，2002年，第7页。

意义上的释译。"我们总是试图在我们自己的超越语言中寻找方式来描述我们自以为是超越的概念，而'天'被译作'Heaven'、'道'被译作'God'或'the Way'便是这种释译方式的结果。我们认为这种方式的翻译及其带来的混乱是最不幸的。"[1] 在这里，安乐哲把西方世界对于中国传统思想的种种轻视和误解直接看成了一个"翻译"问题。在安乐哲看来，当人们采取上述释译方式时，实际上是把中国传统文化语言中根本就不存在的"超越概念"当作中国哲学思想的属

1. 安乐哲：《和而不同：比较哲学与中西会通》，第31页。把"道"译成 the Way 倒未必属于安乐哲所指责的情形，比如同样反对以欧洲哲学方式译解中国思想语言的海德格尔就主张把"道"译成德文的 der Weg（道路）。参看 Martin Heidegger, *Unterwegs zur Sprache*, S.187。

性了。

在此我们需要提出两个相互关联的问题：其一，什么是安乐哲所讲的西方的"超越性语言"？其二，为什么西方的"超越性语言"不适合表达中国传统思想？或者也可以换种说法，不适合转化为西式"超越性语言"的中国古代思想有何固有的语言特性？

安乐哲更多的是在神学意义上理解"超越"或"超越性"（Transcendence）的，因此在我看来，他并没有完整地把握和揭示作为形而上学基本问题的"超越"（transcendence）问题，即"存在学"（Ontologia）的"先验—本质"（transcendental-essence）追问意义上的"超越"，与"神学"（Theologia）的"超验—实存"（transcendent-existence）追问意义上的"超越"，但他仍旧十分深刻地洞察

71

到了有关问题的实质。[1]安乐哲对"超越"（Transcendence）下了一个他所谓的"严格的"定义："一项原则甲是乙的原则，如果不诉诸甲，乙的意义和涵意就无法得到充分的分析和解释，则甲对于乙是超越的；反之则不然。"[2]不过，安乐哲似乎更愿意把"严格的超越"简化为一种"上帝模式"，即：A决定B，反之则不能，则A对于B就是超越的。在安乐哲看来，与这样一种超越性思维方式相联系的，是西方哲学典型的超越性语言及其范畴—概念体系。而这样一种超越性的思维方式和表达方式是汉语思想和汉语言所不具备的。

---

1. 此处可参看孙周兴：《超越之辩与中西哲学的差异——评安乐哲北大学术讲演》，载邓正来主编：《中国书评》，广西师范大学出版社，2005年，第70页以下。
2. 安乐哲：《和而不同：比较哲学与中西会通》，第27页。

与西方"超越性思维"相区别，安乐哲把中国古代思想（汉哲学）的思维规定为"关联性思维"（correlative thinking），并且把与此相联系的汉语哲学（汉语思想）语言称为"关联性语言"（或者"过程语言"）。[1] 在这里，安乐哲也提示我们，所谓"关联性思维"之说或可追溯到马塞尔·格拉耐（Marcel Granet）的《中国人的思维》（1934）；而卡西尔在《符号形式的哲学》中尽管没有使用这个术语，其实也已经在讨论与"神话思维"相关的"关联性思维"了。

那么，什么是"关联性思维"和"关联性语言"呢？以安乐哲的讲法："关联性语言

---

1. 主要可参看安乐哲：《和而不同：比较哲学与中西会通》，第 51 页以下和第 111 页以下。

就是过程语言，是惟一使我们接近'一切皆流'之直接感觉的语言。比喻和意象语言植根于关联性之中。关联性语言是对事物流变之感觉的结果、迹象和奖励。这样一种语言是去感觉事物流变的门票。"[1] 如果说欧洲—西方的"超越性语言"力图把握"一切是一"，把握事物的本质和世界的统一性，那么，"关联性语言"则是对"一切皆流"的事物流变过程的直觉，它关注的是过程、变化、特殊，而不是终极的实在。"如果说过程被认为是第一性的，那么美学秩序就应当是根本性的。因此，在理解任何一个特定事件上，不一致优于一致、多元性优于一元性、分离优于连

———————

1. 安乐哲：《和而不同：比较哲学与中西会通》，第79页。

接。因此，所有的统一体都是特定的：不可能有任何终极意义上的宇宙。"[1] 安乐哲说，迄今为止，多数欧洲哲学家仍然回避这种过程思维和过程语言，而更喜欢逻辑与辩证分析的因果性思维和言说。

实际上，在 20 世纪欧洲—西方思想的巨大变动中，除了安乐哲举出的卡西尔、怀特海等之外，还有一大批思想家在自觉地反思和超越西方传统的"超越性思想"和"超越性语言"，而尝试一种非形而上学哲学的"思想—言说"方式。其中最具典型意义的莫过于德国思想家马丁·海德格尔。

在其思想道路的开端，也即在其早期弗

---

1. 安乐哲：《和而不同：比较哲学与中西会通》，第81页。

莱堡时期的讲座（1919—1923）中，海德格尔就开始尝试所谓的"形式显示的现象学"。海德格尔把"现象学"的"现象"了解为"内容意义""关联意义"和"实行意义"的统一体，实际上就是"经验内容""经验方式"与"经验方式的实行"三者的统一。海德格尔所谓的"关联意义"（Bezugssinn）接续了胡塞尔关于意向性意识的"先天相关性"思想，也即意义的给予总是与意向行为的方式相关。但海德格尔做了进一步的推进，强调了上述的意义三元素中"实行意义"的优先性，认为"关联意义"必须在"实行"范围内才可能得到阐明。传统的"形式存在学"（包括胡塞尔）仍旧容易把"形式因素"（"关联意义"）对象化，也就是说，仍旧难以挣脱"对象性"思维的危险。唯有引入"实行"之维，"内容意义"和"关联意义"才能在理解处境中具体化，从而成就活生生的意义发生。显然，作为一种"思想策略"，海德格尔所谓"形式显示"的现象学方法实际上也是一种"表达（语言）策略"。海德格尔明确提出要形成一种别具一格的"形式显示的定义"，它们不在于固定的内容和命题，不在于对内容作规范性的确定，而是要"不确定地给出对象"，旨在显示实际的生命处境，激发向来个体化的实际生命的实行。海德格尔前期"此在分析"（所谓"基本存在学"）中的"实存畴"（如"死亡""决断""本真性""历史""实存"等），以及后期海德格尔思想中的"泰然任之"和"虚怀敞开"之类的词语表达，均具有这种以"不确定"（内容上不确定的）给出"确定"（实行上具体的和确定的）

的特性。[1]

在"关联性思维"和"关联性语言"这一课题上，安乐哲似乎并没有给予海德格尔充分的关注，不过，他对于汉语特性的理解，让我们觉得恰恰是对海德格尔的表达策略和诉求的一次回应。在安乐哲看来，"关联性语言"表达的是一种能动的、不确定的秩序感。安乐哲列举了多个例子加以说明。例如，汉语的"势"，有"趋势""倾向""势能""优势"等多种颇具差异的含义，描述了一种西方文化不熟悉的秩序感。另一个可能更为典型的例子是汉语的"几"。"几"首先意味着"微小""即刻""几乎"；又意味着

---

1. 参看海德格尔：《形式显示的现象学：海德格尔早期弗莱堡文选》，孙周兴编译，同济大学出版社，2004年。重点参看其中的"编者前言"。

"可能性""时刻";进一步还扩展为"关键时刻""转折点""枢纽""危险"等;然后又意味着"推动力""原动力""扳机";最后是"机会"等。所有这些构成一系列不确定的、不断转化的意蕴,我们无法给予单义的、明确的把握。所以,安乐哲认为,"正是中国古典传统所理解的秩序中的这种无所不在的非确定方面,使得西方超越性语言在这里不适用,因而也迫使我们回到中华世界本身中去寻找更方便、更合适的语言"。[1]

正是基于上述对汉语特性的经验和体认,安乐哲主张,在由汉语向欧洲语言的翻译过程中,"翻译"与"诠释"是分不开的:"在

---

1. 安乐哲:《和而不同:比较哲学与中西会通》,第49页。

中国这样一个不存在西方超越意义的文化里硬要将翻译和诠释分开，这本身就是矛盾的。"[1] 按说任何"翻译"本身都是一种"诠释"，或者至少部分地是一种"诠释"，不过，安乐哲显然认为，当人们把汉语译为欧洲语言时，翻译的"诠释性"是尤为显赫的。这自然也是安乐哲刻意要重译汉语思想经典的理由，安乐哲说："从一开始，我们就认定作为翻译目标语言的英语自身附带着诠释性的重担。"[2]

反过来，以我们的母语（汉语）来翻译欧洲—西方哲学，是不是也有相应的情形呢？我们是不是也只能做一种"诠释性的"

---

1. 安乐哲：《和而不同：比较哲学与中西会通》，第114页。
2. 同上书，第7页。

翻译呢？或者又反过来讲，当我们以非超越性的汉语翻译超越性的欧洲语言时，是不是自始就构成一种对我们母语的损害呢？翻译的"诠释性"实际上意味着翻译的限度，是我们必须正视的。这个限度要如何来确认和把握呢？这实在不是能轻松回答的问题。

三、词典式翻译是危险的

上面我们已经说到安乐哲的一个判断：以西式的"超越性语言"来翻译中国思想构成一种"大不幸"。安乐哲进一步把矛头指向了词典，指出现行词典（汉—英词典）的可疑和可怕之处，甚至于断言：读我们现在的词典简直是"一大灾难"。个中原因也有了："现在的汉英词典蕴涵着一种与它们所要翻译的文化格格不入的世界观。"而这意思也就是说，"辞典自身就渲染着严重文化偏见的油彩"。[1]

或问：安乐哲的这个指责是不是小题大做了，或者夸大其词了？我们且来看看安乐哲举出的一个例子：汉词"天"的英语翻译。在标准汉英词典里，"天"的词条译文有：1）the material heavens，the firmament，the sky；2）the weather；3）a day；4）Heaven, Providence, God, Nature；5）husband；6）indispensible。这种英译与汉语词典里的汉语解释形成了鲜明的对照。我们看到，"天"在汉语词典里概有如下释义：1）天空；2）气；3）天的运行；4）太阳；5）神；6）自然；7）君；8）父；9）不可少的；10）一段时间；11）一日；12）阳（相

---

1. 安乐哲：《和而不同：比较哲学与中西会通》，第7页。

反于阴）；13）命运；14）性，身；15）大。安乐哲指出，比较起来，两者最大的差异在于：汉语词典中明显不存在西方"Heaven，Providence，God，Nature"的意思。

在上列汉语词典关于"天"的释义中，固然也出现了"神"的含义。不过，安乐哲坚持认为，Heaven、Providence、God、Nature等词语，在西方特别被用来阐述一个超越现世的神的观念，它是创世的、超越的，超然于它所创造的事物而独立存在，具有超时间、超空间、纯意识等特征。而这样一种"二元论"的思想方式与中国传统哲学其实是风马牛不相及的。[1] 在安乐哲看来，汉语的"天"是没有

---

1. 安乐哲：《和而不同：比较哲学与中西会通》，第116页。

西方的 Heaven、Providence、God、Nature 之类所具有的"超越性"以及相应的"二元论"观念的。

反观汉语界，我们的外—汉翻译词典情况又怎样呢？是不是也有类似安乐哲提示出来的情形呢？由于汉语语义的丰富关联性和不确定性，特别是由于汉语构词方面的灵活性，我们在翻译欧洲—西方语言时应该比对方做得更好些，从而我们的外—汉翻译词典也应该比对方（汉—外翻译词典）做得更好些。不过，实际情形恐怕也不能让人特别乐观。一方面，安乐哲上面所指控的词典中的"文化偏见"，在我们的外—汉翻译词典中同样也是不可避免的——而且几乎是不可消除的。而另一方面，我们的翻译词典与现代汉语的现代化（西化）进程同步，也就是说，受到了西方语言文化的深刻影响，在一定程度上采取了西方语言和语法的标准。就此而言，我们倒是丧失了母语固有的一点优势，完全有可能比西方人翻译汉语时做得更差了。

对外—汉翻译词典状况的考察和讨论不是本书讨论的重点，也不是本书能够承担的。而以本人的初步经验来看，我们的外—汉翻译词典至少有如下几个方面的问题：首先，过于科技化和实用化，轻视和忽略人文学术和文学艺术方面的语汇及释义。实用化是我们时代的通病，自然也表现在词典中了。实际上差不多可以说，凭借现在通用的外—汉词典，我们是难以从事人文学术方面的研究的。其次，与前述的倾向相关，我们的词典提供的释义过于单一、狭隘、僵化。举个简单的例子来讲，在时下国内最流行的《新英汉词典》(上海译文出版社出版)中，含义殊为丰富的 Logos（逻各斯）竟然只有两条释义（即 1."理性、理念"；2."道、圣子"），连最基本的含义（"话""话语"）都没有纳入，更遑论它原初所包含的十几种基本含义了。第三，在现代欧洲语言的汉语翻译词典中，缺少必要的词源联系的提示，特别是现代欧洲语言与两门基本的古代语言（古希腊语、拉丁语）之间的词源联系。这个要求也许过于苛刻了，但一本成熟而有效的词典应该尽可能呈现词语和语义的历史性。[1]

---

1. 这方面的工作应该有专门的探讨，甚至需要统计学上的研究。另外，笔者在此绝无贬低和否定现有翻译词典以及相关编纂者的意思，相反，我认为一个多世纪来产生的各种外—汉词典对于中国现代文化的意义是怎么高估都不为过的。但毫无疑问，安乐哲对于词典的批评同样也能为我们的翻译词典提供一种警示。

词典当然是必需的。无论是母语学习还是外语学习，人们都离不开词典。出于习惯，人们经常会过于信赖和依赖词典。而这是基于一种假设的确信：我们总是首先假定词典是可靠的、完备的、可信的。如果我们先就怀疑了词典，则我们简直无从下手了。然而，另一方面，我们完全可以同意安乐哲对基于词典的翻译的批判。对于词典的过于信赖却是大成问题的，基于词典的翻译（特别是学术翻译）是有危险的。

这方面我愿意从自己的个人经验中举出两个例证：其一，一些严格而认真的出版社编辑经常会以现有词典的词义释例来要求和检查译者的学术译文，而完全没有意识到，如果他们的要求得到实现，实际上就堵塞了学术翻译和学术研究的可能性和必要性，从而也就消除了学术翻译的真正意义。多年前，有位可敬的编辑根据我们现有的德—汉词典，把我的一本译著中的基本词语重新处理（"订正"）了一遍，比如我译"存在学"的 Ontologie，又被改为词典里的释义"本体论"，我译"本有"的 Ereignis，统统根据词典被处理为通用含义"事件"，我译"集置"的 Gestell，则被改为词典里的"框架"，如此等等。为了说服这位认真而固执的编辑，我花了整整一个下午的时间"据理力争"，才得以维持自己的新译法。我并不是说学术翻译容不得质疑和讨论，而是要指出：译者和编辑之间这样一种错位正暗合了安乐哲所讲的基于词典的翻译的危险。

其二，国内外语专业的学生更偏向于"教材外语"或"词典外语"，而且会形成近乎牢不可破的定式，在进入学术—思想语言时往往存在着更大的困难。尤其在研究生招生和培养中，我们经常会碰到此类现象。在学术翻译领域，我们也能看到这样的情况：有的外语专业出身的译者来做学术翻译，会做得不知所云，无法解读；而有的学术专业出身的译者，虽然日常外语的能力并不好，可能比不上前者，却能做出相当成熟和漂亮的译文。我甚至想说：日常外语能力与翻译（特别是学术翻译）的品质之间没有必然的联系；翻译的品质更多取决于译者的母语能力而非外语能力。

这里顺便也想就我们的外语教学体系发表一点个人意见。中国大学里的"外语系"早年多半叫"外文系"，从属于"文学院"或者"人文学院"，后多被改为"外语系"，20

世纪 80 年代以后则被设置为独立的"外语学院"。以"语"换"文"以后有许多不良的后果，先就在形式上把"人文教学"的意义和目标抽掉了，只剩下了外国语言的教与学，而严重轻视外国文化的教与学，自然更忽略了母语和母语文化的教与学。加上今日西方文明的强势地位，外语学院甚至就有点"恃强欺弱"的况味了，比如，国内高校外语专业研究生的学位论文竟然都要用相关的外语来完成，实在是一件令人发笑，也大可悲哀的事。研究生是做学术研究的或者是准备做学术研究的，试问我们是要为谁研究？当然我们可以说自己是一个"世界主义者"，是要为世界人民提供精神产品的。这话听起来不错，但恐怕只能是空洞的说辞而已。关键问题在于，我们必须意识到，我们的经验方式和认知方式是以母语为根基的，我们的语感和理解力主要是通过母语来塑造的。如若失去了母语和母语文化这个根基，则不但我们的研究工作失去了切实的意义，而且我们的外语理解力也将是无根的。[1]

四、翻译的限度与汉语哲学问题

由上面最后一点，我们实际上已经提出

---

1. 汉语作为我们的母语正面临国际化挑战，特别是强势英语的挤压，在此情势下，对国内现有外语教学制度的反思就显得尤为迫切了。有关这方面的课题，可参看关子尹：《莱布尼兹与现代德语之沧桑——兼论"语文作育"与民族语言命运问题》，载《同济大学学报》，2005 年第 1 期。关子尹教授的这篇文章在随后爆发的香港中文大学师生抗议校方教学语言国际化政策（意在淡化中文角色的"双语政策"）的运动中发挥了重要的作用。

了一个原则,即母语优先原则。这个原则也可以表达为"差异化原则",后者意即这样一个主张:对差异性的确认比对同一性的追求更重要。我认为,这是今天这个后西方—后现代的世界多元文化时代里应有的学术和思想姿态,自然也可以成为翻译事业的一个基本准则。落实到翻译上来,我们所谓的"母语优先性原则"或"差异化原则"要求我们:尽力避免把目标语言(母语)与被翻译语言(外语)同一化,而是要维护和坚持他者立场,保持母语相对于外语的差异性(异质性)。

母语优先原则蕴含着对于翻译策略和译者责任的要求。既然有上述种种差异、限度和风险,我们应该采取何种适恰的翻译策略?译者应该负起何种对于语言(母语)的责任？于此我们仍旧想引用安乐哲的建议。从汉—英翻译的角度，安乐哲把问题表达为：如何避免将汉语翻译搞成我们随心所欲要说的话呢？如何建立负责的语言限制呢？安乐哲形成的一个策略是：在把汉语思想典籍翻译成英文过程中，尽量不要使用哲学术语而使用一般词汇。[1]

安乐哲为英文学界开出一个词汇表，包括他建议需要警惕、尽量不予采用的哲学术语以及他认为可以替代的词语。例如"绝对的"（absolute），他建议采用 superlative 或 supreme；"本质的"（essential），他建议采用 core 或 concentrated；动词"超越"（transcend），

---

1. 安乐哲：《和而不同：比较哲学与中西会通》，第 117、146 页。

他建议采用 goes beyond；"性"（nature），他建议用 character；"存在"（being）与"非存在"（non-being），他建议用 something 与 nothing；"天"（heaven）与"地"（earth），他建议可用 the heavens 与 the earth；"原理"（principle）和"法则"（rule），他建议采用 coherence，pattern，model；"物质"（matter）和"实体"（substance），他建议用 stuff；等等。[1] 安乐哲的此类建议是否妥帖自当别论，关键在于觉悟和姿态。

安乐哲的办法倒是简单："非哲学的东西"需要以非哲学的方式来翻译，要避免以西方哲学的概念方式来损害非哲学的汉语思

---

1. 安乐哲：《和而不同：比较哲学与中西会通》，第146—147页。

想。但问题出来了：我们中国人在翻译西方哲学的概念时应该怎么办呢？难道我们不是应该采取与安乐哲相反的策略，即"哲学的东西"要以哲学的方式来翻译，从而尽量避免以非哲学的方式来损害西方的哲学？然而，"哲学的方式"对于汉语思想究竟意味着什么？如果说从西方哲学的超越性思想方式和概念方式来看，汉语思想传统具有非哲学的特性，那么，两者如何可能相容？我们如何可能采取哲学的方式来翻译西方的哲学呢？

更进一步的问题在于：现代汉语思想如何可能表达异质的西方思维？把西方哲学"翻译"成汉语，这到底意味着什么？现代中国哲学已经走在通向西方哲学式的"超越性"思维的途中了吗？或者，因为语言的基本限制，我们借着近代以后百来年的"哲学翻译"

的艰苦努力，仍旧无以达到西方哲学式的"超越性"的境界吗？而若是后者，则现代汉语哲学的合法性问题就不得不一再被提出来。连带着需要提出来的问题还有：现代中国是否需要以及如何可能防止把汉语思想文化传统"哲学化"？

这些问题就摆在这儿了。无论如何，作为译者，保持一份安乐哲式的警觉是应该的和必需的。我们必得承担起一种译者的责任：关注并且守住语言的限度。

第三章 我们可以通过汉语做何种哲学？[1]

很高兴参加今天的北京大学汉语哲学论坛，据说这是北大的第二届，据说在复旦大学也已经举行过一次，想来同行们已经对此题做了深入的研讨。遗憾的是我没有参加前面的讨论，不知道到什么地步了。不过，本

---

1. 本文初稿系作者 2017 年 12 月 9—10 日在"第二届北大汉语哲学论坛"上的报告；修改和扩充稿于 2018 年 5 月 18 日下午在深圳大学人文学院演讲。原载《学术月刊》，2018 年第 8 期；转载于《新华文摘》，2018 年第 23 期。

人对"汉语哲学"这个论题也是深有兴趣的，以为是一个具有重大意义的题目。所以，本次论坛主持人韩水法教授邀我参加今天的会议，我就满口答应了。后来自己做了一次清算，发现我对此题目的论述委实已经不少了，虽然多半是零散的和短小的，系统完整的专题论述不在多数。一开始我对于"汉语哲学"的兴趣主要跟哲学翻译（西哲汉译）有关，尤其是与"存在 / 是"（on/einai）的译名讨论有关，早在我 1992 年完成的博士论文中就有此议论了。[1] 之后有《超越之辩与中西哲学的差异》一文以及几篇短章评论，算是业余做的事。[2] 唯一的一个长篇论文，是《存在与超

---

1. 参看孙周兴：《语言存在论：海德格尔后期思想研究》，商务印书馆，2011 年，特别是第二章第 2 节。
2. 载孙周兴：《后哲学的哲学问题》，商务印书（转下页）

越——西哲汉译的困境及其语言哲学意蕴》，而此篇也依然是从译名讨论切入的。[1]

所以我想，我是不是能够利用这次论坛的机会，把自己有关"汉语哲学"这个主题的基本想法综合和清理一下，甚至也稍稍深化一下？或也可求教于诸位同仁。我形成的一个问题是：何种意义上的汉语哲学？或者也可以问：我们可以通过汉语做何种哲学？但立下这个题目，我马上就有些后悔了——因为即便是现代欧式学科制度上的哲学，我

（接上页）馆，2009 年，第 106 页以下。相关短论有《汉语神学与汉语哲学》，载孙周兴：《边界上的行者》，上海人民出版社，2011 年，第 6 页以下；以及《汉语哲学的做法》和《实存哲学与现代汉语哲学》等，载孙周兴：《一只革命的手》，商务印书馆，2016 年，第 141 页以下。

1. 原载《中国社会科学》，2012 年第 9 期；后收入孙周兴：《存在与超越——海德格尔与西哲汉译问题》，复旦大学出版社，2013 年，第 110 页以下。

们也已经用汉语做了近百年，今天不但有所谓"中西马"，而且在体制上有哲学八个二级学科，无论何种哲学，我们早已经用汉语在做了，从业人员甚众，大家经常还做得不亦乐乎。这个时候问我们可以通过汉语做何种哲学，岂不是有点无厘头？

其实正如我们所知道的，不但"我们可以用汉语做何种哲学"是一个问题，而且到底能不能用汉语做哲学竟也成了一个问题，而且是一个被争议得更为激烈的问题。后面这个问题也经常被表达为：中国到底有没有"哲学"？或者也就是中国哲学界前些年争论颇多的关于"中国哲学的合法性"的问题。我想，这也是我们在做的"汉语哲学论坛"的问题背景吧。汉语哲学的可能性问题首先起源于语言差异，特别是中西语言的差异；

但同样关键的问题是，我们如何来理解"哲学"，取什么样的哲学定义。所以，汉语是一个问题，哲学也是一个问题，合起来的"汉语哲学"当然更是一个问题了。

我们尝试把汉语哲学问题表达为"我们可以通过汉语做何种哲学?"由此有可能把这道难题具体化为三个层面的问题：第一，与欧洲语言相比较，汉语有何根本特性? 汉语言的特性为汉语思维带来了何种规定和限制；第二，当我们说"汉语哲学"时，我们应当采取何种哲学定义? 到底是一种哲学还是多种哲学? 第三，进一步，与古代汉语相比较，现代汉语是否已经变得更适合于哲思了? 所有这些区分性的问题都歧义丛生，难缠难解，而在我看来，这恰恰也表征着汉语哲学问题本身的重要性。

一、语言特性与中西思维差异 [1]

据我所知，头一个明确地从语言差异的角度讨论汉语哲学的中国现代哲学家应该是张东荪。张东荪具有自觉的语言哲学立场，这在今天看来是十分高明和超前的，因为我们知道，中国学界（主要是哲学界和文艺理论界）大概要到 1990 年代才开始进入语言哲学领域和论题，大谈所谓"语言（学）转向"，从而逐步获得了语言哲学的方法论意识。而早在 1936 年发表的《从中国言语构造上看中国哲学》一文中，张东荪就提出了如下基本主张：

---

1. 此节可详见拙文《存在与超越——西哲汉译的困境及其语言哲学意蕴》，载《中国社会科学》，2012 年第 9 期。

中国言语上没有语尾变化，以致主语与谓语不能十分分别，这件事在思想上产生了很大的影响。现在以我所见可举出四点：第一点是因为主语不分明，遂致中国人没有"主体"（subject）的观念；第二点是因为主语不分明，遂致谓语亦不成立；第三点是因没有语尾，遂致没有 tense 与 mood 等语格；第四点是因此遂没有逻辑上的"辞句"（proposition）。[1]

上面讲的四点自然是有严重后果的，值得我们深思。而若要细究起来，张东荪的上述断言也是不无问题的，至少显得比较粗疏，未经细密的论证，但毕竟他敏感地把握到了

---

1. 张东荪：《从中国言语构造上看中国哲学》，载张汝伦编选：《理性与良知——张东荪文选》，上海远东出版社，1995年，第337页。

汉语的一些本质性的东西，特别是看到了一个要害：汉语是没有词尾变化的，不是欧式的屈折语。德国语言学家威廉·洪堡也认为，汉语是典型的孤立语（分析语），而不是像梵语这样的典型的屈折语。洪堡进一步说，汉语不是通过语法范畴来联结句子的，汉语语法不是以词的分类为基础的；欧洲语言的语法有词源和句法，而汉语只有句法部分；等等。汉语这种语法上的缺失使洪堡得出一个结论：汉语是一门落后的语言，因为它没有欧式的语法，"汉语的风格以其令人惊诧的效果束缚了形式表达的发展"。[1] 今天我们看到，洪堡显然是拿欧洲语言的尺子来衡量汉语的，由此自然会得出这样一个不妙的结论。

---

1. 洪堡特：《洪堡特语言哲学文集》，姚小平编译，湖南教育出版社，2001年，第121页。

看起来，问题的焦点在于汉语有无形式语法——我们不能简单地断定汉语没有语法，而只能说汉语没有欧式语法。但说汉语没有欧式语法，这听起来差不多是一句废话，汉语怎么可能有欧式语法呢？所以我宁愿说：汉语没有形式语法。关键还在于落到实处，比如洪堡认为汉语语法不是以词的分类为基础的，而张东荪更进一步，说汉语没有词尾变化。确实，汉语词类界限不明，是因为汉语不像欧洲语言，后者通过词尾变化来实现词的形态变化，即词类之间的形式转换和区分。由此出发，张东荪把语法问题与哲学问题联系起来了，或者说，把形式语法视为哲学范畴的基础，认为亚里士多德的范畴是由文法上言语的格式而成的，均以词尾变化表现出来，而没有词尾变化的东方语言就不可能形成范畴。[1] 张东荪的这一看法是深刻的。亚里士多德的范畴论是欧洲哲学史上第一个形式存在学／本体论体系，它首先确立了思维形式与存在形式的同一性[2]。要是没有形式语法的成熟在先，如何可能有这种存在学／本体论的形式规定？

于此必定触及一个在汉语学界聚讼纷纭的问题，即围绕"存在"（on）范畴以及所谓"存在学／本体论"（ontologia）展开的中西哲学之争。"存在"范畴是欧洲—西方文明特

---

1. 张东荪:《从中国言语构造上看中国哲学》，载张汝伦编选:《理性与良知——张东荪文选》，第 344 页。
2. 或可简为：思维与存在的同一性。黑格尔把这种同一性的建立归于巴门尼德，但就思想史的总体进展来说，我们更愿意同意海德格尔的说法：巴门尼德所谓"思想与存在是同一的"还不是哲学性的或者概念性的规定，而顶多只是对这种同一性的开端性猜度。

有的吗？中国传统哲学中有没有"存在"范畴？"存在学／本体论"到底是一门什么样的学问？西方哲学进入汉语世界已经超百年，这些问题尚未得到彻底的澄清，特别在最近一些年的"中国哲学合法性"讨论中又得到了彰显和尖锐化。

笼统地说中国传统哲学中没有"存在"范畴，说古汉语中没有欧式的系动词"是"和"存在"，其实还是没有太大意义的。没有"存在"范畴，我们汉语中有"道""有"等之类的基本词语，难道就不能与欧洲的"存在"对应起来吗？难道不能用它们来翻译表示"存在"的欧洲语言的词语吗？关键是要看到欧洲"存在"范畴所内含的形式语法特性和形式思维特性。比如在古希腊语中，名词"存在"（on）是由系动词"是"（einai）

的分词形式转换而来的，在"是"（einai）的各个词类（动词、分词、名词等）以及相应的数、性、格、态之间，有着一套形式转换规则；而汉语没有靠词尾变化来实现的不同词类和数、性、格、态的转换体系，比如在汉语的系词"是"与名词"存在"之间，就不是通过语法形式规则来实现词类区分的，汉语的"是"与"存在"（严格说来它们是两个译词）之间是完全没有语法上的联系的。[1]

法国汉学家谢和耐认识到了汉语言的特征以及中国文明的特殊性，并且认为中国人没有那种稳定的、永久的和超越可见事实

---

1. 似乎有越来越多的研究者主张要以统一的"是"来对译欧洲语言中的名词"存在"和动词"是"，但他们这种改译并不能改变我们这里揭示的情况。

的"存在"观念。[1] 诚如上述，简单地断定中国古代没有"存在"观念，是没有多大意思的；在谢和耐的这个判断中，重要的是"存在"观念具有的"超越性"（Transzendenz），中国思想文化中没有"超越的""存在"观念。这就涉及欧洲—西方形而上学思维的本质特征问题了。在哲学—存在学／本体论层面上，我认为欧洲思维的根本特质是形式化思维，"存在"观念的"超越性"也必须在这种形式化思维意义上来理解，或者可以说，发端于希腊的哲学的"超越性"是一种形式的超越性，不同于后来从基督教神学中发展出来的"超越性"，后者是一种神

---

1. 谢和耐：《中国和基督教》，耿昇译，上海古籍出版社，1991年，第347—348页。

性的超越性——为简化起见，我们完全可以把哲学（存在学／本体论）的"超越性"和神学的"超越性"分别命名为"形式超越性"与"神性超越性"，而这正是康德断然区分"先验的"（transzendental）与"超验的"（transzendent）两者的动机和原因。[1]

欧洲—西方哲学的"超越性"最典型地表现在前述的亚里士多德的形式范畴体系中，它当然建立在欧洲语言（希腊语）的基础之上。我们可以说，希腊语的形式语法是希腊哲学和科学的形式化思维的基础，希腊语法发生在希腊哲学之前；当然也可以说，希腊哲学和形式科学的思维的形成和发展，进一

---

1. 根据笔者在此的描述，近几年来渐成趋势的对 transzendental 一词的改译，即把"先验的"改译为"超越论的"，就是一个不当的建议。

步促成了希腊语法走向成熟。但这只是大体上的说法，而且这种发生学的描述根本上只可能是一种猜度。不过无论如何，希腊哲学、希腊语法、希腊形式科学（几何学和逻辑学）之间究竟是何种关系？这无疑更是一个思想的课题。

二、何种哲学？一种还是多种哲学？

至此，我们似乎已经达到了一个否定性的结论：不具有欧式形式语法的汉语不是哲学语言，或者说，它不适合于做哲学，是不能用来从事哲思的。但显然，这个结论是有问题的，因为它预设的前提是：哲学只是一种形式化思考，是一个形式范畴体系。应当承认，这种狭义的哲学规定合乎西方哲学主流传统，后者在现代形而上学批判思潮中经常被称为"本质主义"或"柏拉图主义"；但它显然太过狭隘了，甚至也不合西方哲学的整体实情。

哲学当然首先是指向本质—共相、构成观念的思维。在现象学哲学家胡塞尔看来，哲学以及由哲学衍生出来的科学是一种"普遍化"（Verallgemeinerung）的思想方式，而所谓"普遍化"可分为两种：一是"总体化"（Generalisierung），二是"形式化"（Formalisierung）。胡塞尔并且认为，在这两种方式之间存在着一个"断裂"（Bruch）。所谓"总体化"是"按照种类的普遍化"，它对应于某个"实事区域"，或者说是受某个"实事区域"制约的，后者预先规定了"总体化"的方向，也就是说，"总体化"是实指的，好比我说"苏格拉底是男人，男人是人，人是动物，动物是生物，生物是生命"，等等，在这里，无论"男人""人""动物""生物""生命"等虽然"普遍化"程度不等，但都是实指的，都指示着某个"实事区域"。相反，所谓"形式化"则不是实指的，是与"实事"无关的，并不受制于对象的确定内容。比如在上列说法中，如果我们接着说下去，说"生命是物质，物质是存在，存在是虚无"，我们就进入了"形式化"层次，不再有所实指了，"物质""存在""虚无"等只是形式的规定性，而非实事对象的描述。进一步，"总体化"与"形式化"还有一项区别："总体化"是一种排序，它达到的"普遍性"构成一个相对的等级序列（属、种）；而"形式化"则不然，它所达到的"普遍性"是形式的规定性，是所谓

"一般对象",相互之间并没有等级关系。于是我们可以看出,胡塞尔所讲的"断裂"实际上是指在"普遍化"过程达到"纯化／纯形式"层面出现的状况。[1]

必须看到,虽然胡塞尔区分了"普遍化"的两种方式,但他心里推崇的却是"形式化",以及相应的"形式存在学／本体论"和"形式科学"。这也就是说,胡塞尔其实是在"总体化"与"形式化"之间设定了一个等级差别,认为"形式化"是高于"总体化"的。欧洲—西方哲学的主体是以存在学／本体论为核心的形式范畴体系。正是这种存在学／本体论的形式范畴体系为希腊的形式科学奠定了观念基础,从而也为近代欧洲的"普遍

---

1. 参看孙周兴:《后哲学的哲学问题》,第 231 页以下。

数理"的知识理想提供了一个可能性前提。

关键在于，"总体化"作为具体的经验科学的方法，并不能体现欧洲—西方思维的本质特征，相反，作为形式科学方法的"形式化"才真正构成欧洲—西方思维的根本要素及其特殊性，或者说欧洲—西方思维的标准范式。进一步我们似乎可以说，"形式化"是非欧民族文化都没有发展出来的思维方式，而"总体化"则是非欧民族文化（包括中国文化）也可能包含和具有的思维—表达方式。倘若不是这样的话，倘若非欧民族没有"总体化"的普遍化思维方法，那么，我们如何理解非欧民族的文化世界和观念世界呢？我们总不能干脆否认非欧民族是有观念世界的吧？

就此而言，胡塞尔所揭示的"总体化"

与"形式化"之间的"断裂"就显得极为重要了，因为这个"断裂"可能恰恰意味着欧洲思维与非欧思维的根本差别的分界，或者说，非欧民族的思维方式都没有达到"纯化／纯形式"的层面，完成这个"突破"——超越这个"断裂"——而形成"形式化思维"和"形式科学"。在哲学上讲，非欧民族的思想方式恐怕没有达到欧洲以形式范畴关系的论证为重点和基本任务的先验哲学境界。在此意义上，结论当然只可能是：哲学只是欧洲—西方的，非欧民族文化没有"哲学"，非欧民族的思维都不是"哲学思维"。

然而问题的关键在于：只有这种形式范畴论证的哲学吗？只有这一种哲学还是有多种哲学呢？

答案是显而易见的。即使在西方内部，除了以本质主义或者柏拉图主义为特征的欧洲主流的哲学传统之外，还有一支在欧洲历史上一直未显山露水的支流，即可以说以"总体化"思维为特征的实存哲学，其中也理当包括欧洲历史上出现过的各色经验主义哲学。作为主流本质主义传统的对立面，实存主义或者以个体—实存为定向的哲学思考，在历史上向来都是欧洲—西方哲学科学文化传统的"异类"，自19世纪中期以来更是在欧洲哲学中兴起的形而上学传统批判工作的集中表现；而在学术立场上，实存哲学／实存主义本身包含着"非欧洲中心主义"的倾向，或者至少可以说，它推动了以本质主义、理性主义为基础和内核的欧洲哲学对于自身的欧洲中心主义立场的反省和批判。这其中的内在联系不难理解。因为个体—实存之思在起点上就含有反对普遍—本质—形式思维的特质，而"欧洲中心主义"立场正是以本质主义为基础的（这在黑格尔那里是多么显赫！）。

前些年中国哲学界关于中国哲学的合法性问题的讨论，恐怕更多是取"本质主义"哲学为西方哲学的标本，甚至一般哲学的标本，以此来比照中国传统思想文化。而近些年来的关于"存在"和"是"之译名的持久争论，同样地——更是——预设了一个简单等式：哲学＝存在学／本体论＝本质主义或者柏拉图主义。如果采用前述的胡塞尔所做的区分，这个等式也就忽略了"普遍化"思维方式中的"总体化"方式，只把"形式化"思维方式当作西方哲学思维的全部。然则我们很少思量：撇开了源远流长的"实存主义"或"实存哲学"的西方哲学还是完整的西方哲学吗？在哲学史上，就哲思的起点而言，实存哲学的开端至少应该落在亚里士多德那儿。

对于"总体化"这种"普遍化"方式，也即观念构成方式，我们更应该超出胡塞尔的区分和规定，做一种广义的和多元的理解。我们认为，"总体化"不仅是经验科学的观念来源，也是个体性的实存哲学的基本方法，而且也是文艺的诗意言说的方式，亦即维柯所谓的"诗性共相"的形成方式。这三者（经验科学、实存哲学与诗性文艺）之间的关系是相当复杂的。当年维柯就强调自己与经验主义者培根的亲近关系，认为培根的归纳法也就是他所谓"综合殊相来得出共相的方法"，也正是早期人类的创建者们（即神话诗人们）所用的想象的诗性方法。[1]只不过，维柯是要把培根的方法转用到"研究人类事务方面"的学问上去。

在近世，海德格尔在前期实存哲学和后期诗性言说两方面的努力最具典型性。前期海德格尔的"形式显示的现象学"正是从胡塞尔关于"总体化"与"形式化"这两种"普遍化"方法的区分入思的。海德格尔同意胡塞尔的这个区分，尤其赞赏胡塞尔通过意向性学说对"关联性思维"的启示，但认为这样还是不够的，还只是停留在"理论"层面。对应于胡塞尔讲的"总体化"与"形式

---

1. 维柯：《新科学》，朱光潜译，人民文学出版社，1987年，第93页。

化"，海德格尔区分了"客体性质的东西"与"对象性的形式逻辑的东西"，认为这两者构成"理论的东西"；进一步，海德格尔要向"前理论的东西"挺进，认为"理论的东西"是奠基于"前理论的东西"的，"客体性质的东西"起因于"真正的体验世界"（即"世界性质的东西"），而所谓"对象性的形式逻辑的东西"起因于"原始的东西"（即"前世界的东西"）。[1] 海德格尔的这种理解已经把胡塞尔的思路实存哲学化了，从而深化和改造了胡塞尔的现象学，也扩大了胡塞尔的"总体化"方法。海德格尔所谓"前理论的东西"其实首先是行动优先的实存生活世界以及更

---

1. 参看海德格尔：《论哲学的规定》，孙周兴、高松译，
   商务印书馆，2015 年，第 232 页。

原始的神秘域（"原始的东西"）。正因为这样，海德格尔才把"现象"理解为"内容意义—关联意义—实行意义"三个方向构成的意义整体，并且认为"实行意义"才是其中的核心。在《存在与时间》之前，海德格尔显然是想以"形式显示的现象学"作为他的实存论（实存哲学）的方法，以区别于胡塞尔所说的两种"普遍化"方式。但他这种尝试的哲学后果并不理想。[1]这才有了后期海德格尔向诗性言说的转向。不过，这种转向并不意味着海德格尔彻底放弃了前期的实存之思以及所谓"形式显示的现象学"的方法要

---

1. 海德格尔前期哲学（以《存在与时间》为代表）的困难在于：以主体主义批判为出发点，但反而走向了极端主体主义的此在—世界论；以激活哲学语言的力量为己任，但仍旧囿于传统哲学的表达方式。

求，而毋宁说是这种实存之思和方法要求的实现。[1]

有关实存哲学及其与现代汉语哲学的关系，我在别处已有所讨论。[2]在此我愿意再次强调指出的是，欧洲—西方主流哲学和科学的基本特征是"形式超越性"，是一种形式化思维，而因为汉语的非形式语法特性，也即说汉语无形式语法，所以在中国传统文化中未形成欧式的形式化超越思维，也即未开展出欧洲哲学的"形式超越性"之维，当然

1. 此处可参看拙文:《非推论的思想还能叫哲学吗？——海德格尔与后哲学的思想前景》，载《社会科学战线》，2010年第4期；后收入孙周兴:《以创造抵御平庸——艺术现象学演讲录》，中国美术学院出版社，2014年。
2. 主要参看孙周兴:《后哲学的哲学问题》，第42页以下；以及孙周兴:《一只革命的手》，第149页以下。

也没有形成欧式的形式科学体系（逻辑、几何、算术等），后者是当今全球技术工业的基础。然而，各民族普遍观念世界的形成方式是多样的，非欧民族文化的文化观念世界不是通过"形式化"方法，而是通过"总体化"方法来构成的。而正如上述，这种"总体化"即便在欧洲哲学范围内也是可以被广义理解的，它不光与具体科学（经验科学）的方法纠缠在一起，也可以用来标识实存哲学（实存主义）的观念构成方式，甚至可以渗透到文艺之中，成为诗意的普遍意义表达的方式，就像海德格尔后期尝试的诗性之思。

因此，我们固然可以在形式存在学（本体论）意义上把哲学看作西方唯一的，在此意义上就可以说"哲学是西方的"[1]，但根据现实的语境以及我们上面揭示的理由，我们更应该开放地把哲学理解为复数，理解为多种哲学，从而为世界多元文化传统和思想方式留下平等交流的机会。我们看到，汉语思想文化一直保持着关联性思维的传统，与西方主流文化传统的超越性思维方式具有格格不入的异质性。与之相反，现代西方的实存哲学，特别是经过现象学哲学和方法的洗礼之后，开启出一种有别于传统哲学思维的关联性思维方式，从而更能与中国思想文化传统相互沟通和印证。

---

1. 20世纪的思想家如海德格尔和德里达，当他们说"哲学是希腊的或西方的"时，其实并不持有"欧洲中心主义"的立场，而倒是为了通过这种区分，让非欧思想文化免受"哲学"的伤害。

三、现代汉语变得更适合于哲学了吗？

正如我们会追问"何种哲学"一样，我们似乎同样也得提出一个问题："何种汉语？"尤其应该问一问：经过现代化——语法化和逻辑化——改造之后的现代汉语，是不是更适合于哲学了？

关于这个问题，我曾经在《存在与超越》一文（本书第一章）的结尾部分做过一次讨论。我在文中指出：作为欧洲—西方形式科学的基础和核心，存在学／本体论是与印欧语系语言的形式／语法特性紧密联结的；而与存在学／本体论难解难分的神学体现的是欧洲—西方式的超验神性追问，同样植根于欧洲语言文化传统之中。企图用非形式／非语法的汉语言来表达欧洲—西方存在学／本体论的先验形式性，用非超越的汉语言来传达神学的超验神性，这正是一个多世纪以来中国学术界的一项基本任务，是中国几代学者的共同努力目标。

我们这种努力成功了吗？确实，令人吃惊的是汉语所具有的强大的吸收能力和对外来语的抵抗力。特别是在过去一个世纪里，我们汉语世界差不多吸纳了全部西方文明的内容，包括哲学、宗教、科学、艺术、技术等，而现代汉语的常用词汇却是不增反减。这在今日全球人类语言中恐怕是绝无仅有的一例了。而从五四一代知识分子对汉语的悲观和绝望心态，到今天国人终于重塑对于母语的信心，这种态度的巨大转变的基本动因却是技术上的，主要是因为20世纪90年代汉字进入了电脑系统。我们突然发现，汉字不仅进入了电脑和互联网，而且已经成了全球语言中输入操作速度最快的文字。

　　但我们的问题是：现代汉语是否变得更适合于哲学了？与古代汉语相比较，经过语法的引进、白话文运动、汉字简化运动，特别是通过大规模的学术文化的翻译，现代汉语无疑具有了相对而言的"弱语法"特性，但依然没有改变我们上文所讲的无形式语法的性质。拿前述张东荪的断言"中国言语上没有语尾变化"来说，现代汉语固然发生了巨大的变化，新兴词尾日益增加，并且得到普遍化使用，比如名词词尾"品""性""度"等，动词词尾"化"等，它们是在西语汉译过程中出现的，是为了对译西语中的词尾（比如"性"对应于英语词尾 -ty, -ce, -ness；"度"对应于英语词尾 -th；"化"对应于英语

词尾 -ize），而且多半受到日本译文的影响。[1]
如此，张东荪所谓汉语无词尾变化的说法是
不是还成立呢？问题恐怕在于，现代汉语中
被丰富化的汉语词尾（诸如名词词尾"性"
和动词词尾"化"等）是否构成一套形式转
换规则，从而形成一个涉及词类区分和数、
性、格、态转换的形式语法体系？

　　这个问题不好轻松作答，需要另行探讨。
本人倾向于认为，现代汉语更多地在胡塞尔
所谓"总体化"意义上获得语法范畴，但仍
旧没有突破"形式化"意义上的作为形式科
学的语法。在技术工业和全球现代性的巨大
压力下，现代汉语思维不断尝试向"超越性

---

1. 参看王力：《汉语语法史》，商务印书馆，2003年，第
　 16—17页和第100页。特别值得关注的是现代汉语中
　 名词词尾"性"和动词词尾"化"的普遍使用，所发
　 挥的效应令人惊奇。

思维"（"形式超越性"和"神性超越性"）接近，但其主体仍旧是"关联性思维"——时至今日汉语在形式科学的表达上的局限，以及在西方哲学 / 存在学核心范畴的传译上的困难，比如汉语哲学界围绕"存在"（Sein）与"超越"（Transzendenz）这两个译名（以及相关译名）展开的持久争论，都可以表明这一点。

　　现代汉语固然已经变得更适于哲学了，但这是相对的和有限的，只是就它更能通过"总体化"方法表达实存经验来说的。这种表达变得愈加丰富，甚至也在一定程度上变得愈加明晰，但胡塞尔的"断裂"仍旧构成一种界限和限度。原因在于汉语和汉语思维对于欧洲语言和思维的根本异质性，或者说，就在于汉语对于外来语的强大抵抗性。

第四章

汉语哲学的时与势[1]
——再论汉语关联性思维及其效应

一、中国哲学还是汉语哲学?

今天的论坛主题为"改革开放四十年与中国当代哲学发展"。40 年是一个不短的历

---

1. 根据作者 2018 年 10 月 14 日上午在湖北大学哲学学院主办的"改革开放四十年与中国当代哲学发展高端论坛"上的讲话扩充而成,原题为《汉语哲学的优势与劣势》。后提交给浙江大学和北京大学主办的"第三届汉语哲学论坛",但因故未能赴会。本文迄今未发表过。

史时期，无论哪个行业哪个领域，都应该好好总结一下了。40年来的中国当代哲学发生了什么？自然也是值得总结和讨论一番的。

我是1980年上的浙江大学，但本科不是学哲学的，而是学地质学的，1987年才通过考研混入哲学行业，迄今也已逾30年了。回顾自己这30多年，我的主业是德国现代哲学，先是做海德格尔的研究和翻译，后来做尼采的研究和翻译，现在也做艺术哲学（当代艺术理论）和技术哲学（技术与未来之思），译得比较多，出版了几十本译著，写得不算多，前前后后出了八九本自己的书，无足轻重，而且反而是译的书好卖。有人说我"高产"，现在回头看，30年也就做了这么些事体，以贩卖别人家的哲学为主，"自己的哲学"好像还在路上，想想也是可以惭愧的。

我们知道在今天的中国，哲学在学科上被硬生生划分为八个二级学科，有的哲学系就依此设置了八个教研室。我的专业领域被归为"外国哲学"，有时候我也擅自加上"美学"，以显示自己也在搞一点艺术哲学。这样的"专业化"并不好，且不说八个二级学科的划分是不是合理（这方面国内学界已经多有质疑），也不说在人文科学内部，哲学是最不可专业化的，因为哲学的最大特点就是"不专业"，就是无所不思的宏大思想。不过我更想强调的是，这样的学科安排完全无视哲学的语言植根性（母语性），比如说"外国哲学"，仿佛我们从业者是为外国而研究的，而不是在用母语写作，没有为"中国哲学"贡献力量——有个统计说当代中国哲学的词汇90%以上是译词，若然，难道不是主要由

"外国哲学"方面的学者们在搞"中国哲学"吗?"中国哲学"方面的学者们实际上不也在从事"外国哲学"吗?又比如"中国哲学"这个二级学科,仿佛研究者是可以脱离当下生活现实和语境完全沉迷于古学似的。

我的基本意思是,这样一种人为的专业分隔是有种种危害的,其中主要危害在于:通过这样的划分,我们把基于母语语言经验的哲思抽象化了,从而使得我们的哲思失去了根基。现实的情况是,哲学界经常为非学术因素(诸如政治立场、各色主义、社会功用)所动摇和左右,许多时候成了"中西古今左右"纷争之地。

所以比较而言,最近几年一些哲学学者喜欢使用的"汉语哲学"之名,倒是一个比"中国哲学"更为贴切的用法,至少是更具有合乎实事本身的暗示力的。另外，"汉语哲学"的含义可以更广大，举凡用汉语书写和表达的哲思，均可被纳入"汉语哲学"范围。不过，也有人担心，"汉语哲学"的含义过于狭小了，因为在现实中我们经常说中国是一个多民族国家，有许多个少数民族，自然也有一些少数民族语言的哲学，如此奈何？我承认这当然是一个问题，在此我只能提供出一个理由："汉语哲学"并不排斥少数民族语言的哲学。

关于"汉语哲学"或者通常讲的"中国哲学"，我没有深入研究，因为并非我的研究专长，虽然一直有所关心，也参与过一次"汉语哲学论坛"，刚刚发表了一篇题为《我们可以通过汉语做何种哲学？》的文章（参见本书第三章），但毕竟不是专业研究者。今天我立下一个题目，叫"汉语哲学的优势与劣势"，希望能够对前文再做一些进一步的补充和发挥，完全是匆匆记录下来的应景想法，尚未形成成熟的审慎之思。

二、汉语哲学的劣势或弱项

我先要来说说汉语哲学的劣势或弱项，再说优势或强项，由弱转强，方可以留下一个光明的结论。

汉语哲学的"劣势"自然是比较而言的，在目前形势下首先和主要是与欧洲哲学比较而显示出来的劣势。这方面的讨论已经很多，而且可以是多维度的。在五四时期，反传统的势力大盛，汉语哲学或者一般而言中国传统文化的"劣势"和"弱点"多半被夸大了，如今则倒转了过来，"劣势"被掩饰，"优势"被夸张，好像又矫枉过正了。这都不是中道的立场和态度。

在前述文章中，我主要根据改造版的胡塞尔关于"普遍化"（Verallgemeinung）方式的区分对相关问题做了一些讨论。大意是，哲学和科学无非是观念构成，也即"普遍化"，胡塞尔把"普遍化"分为"总体化"与"形式化"两种，大致可对应于两种科学，即"具体科学"（经验科学）与"形式科学"。但我认为，胡塞尔的"普遍化"方式之分需要有所改造，不可仅仅局限于狭义的"科学"，比如"总体化"不光是经验科学的观念构成方式，也是文艺的、宗教的，甚至日常生活的观念构成方式。我们日常生活中也是时刻在构造和使用程度不等的普遍观念，只要我们开口说话，我们就要使用和构造普遍观念。于是我的基本结论是，中国传统思想文化中虽然没有发展出欧洲式的"形式科学"，但也有自己的"总体化"的观念构成方式。[1]

如果按照胡塞尔的断言，在有所实指的"总体化"与无所实指的"形式化"之间，存在着一个"断裂"，那么，这个"断裂"就可以被视为中西思维差异的"根本点"。主要因为语言的限制，汉语思想文化终未能突破这个"断裂"，这个"瓶颈"，从而形成"强推论"的思维方法、"纯形式"的观念世界和"高抽象"的形式科学体系——请注意我这里用的三个修饰词："强推论""纯形式"

---

1. 参看孙周兴：《我们可以通过汉语做何种哲学？》，载《学术月刊》，2018 年第 8 期。

和"高抽象"，我用这三个词来表示欧洲—西方传统哲学文化的根本特质。欧洲—西方传统哲学文化中当然也有弱推论、非形式和低抽象的要素，比如近代哲学时期的一些哲人，意大利的维柯和德国的哈曼，比如欧洲神秘主义思潮，但这些在当时都只是暗流而已，一直要到19世纪后期，主要通过现象学和实存哲学，弱推论、非形式和低抽象的思想要素才渐成气候，成为主流之一。

上面讲的推论、形式、抽象方面当然是汉语思想文化的一个弱项，这一点无可粉饰。哪怕到了现当代，欧洲的形式科学已经全盘进入汉语学术文化和教育体系，汉语和汉语文化被现代化了，现代汉语获得了一定程度的形式语法性，汉语哲学无论在问题、表达上还是在方法上，都经历了革命性的变换和改造，但种种迹象表明，来自语言的根本限制还在，今天的汉语哲学和文化依然只具有弱推论、非形式、低抽象的特性。

汉语哲学的特性影响了中国传统心智和心性。以汉语为基础的古代中国观念世界没有形式化的纯粹观念——至少可以说形式化程度不高。中国传统文化更多是通过胡塞尔所谓的"总体化"的观念构成方式，构造了自己丰富的经验性的科学、政治、伦理、艺术等的观念世界。而这种无形式化思维或弱形式化思维的特征也表现在中国传统心智和心性上，我认为主要有两方面的表现：一是心性上的无超越性，二是法理上的弱规则性。

我所谓心性上的无超越性，指的是中国古代心灵缺失欧洲式的"超越性"之维，即不相信有一种绝对超拔于人世的、人力达不到的超验之物或神性之物，此即中国本土宗教不发达的表现。这就是说，中国人不相信：有一种东西是我们的经验达不到的，是我们不能对之产生影响的，但它却规定和支配着我们。中国人不相信这样一种"超验的"东西[1]。我们更倾向于认为，凡事凡物都是相融相通的，都是普遍关联的，哪怕是貌似超越性的"道""气""理"之类，也是无所不在，内含于日常人世万物之中的。所谓"修身养性"，在传统中国人那里恐怕主要是关注身体以及与身体相关的快感。无超越性而注重日常关联世界，这本身没有问题，但过重的世俗性似乎也不能算一个优长

---

1. 参看孙周兴：《超越之辩与中西哲学的差异》，载拙著《后哲学的哲学问题》，商务印书馆，2009 年，第 106 页以下。

和优势吧？

三、汉语哲学的优势或强项

以上种种讲的是传统汉语哲学和文化的"弱项"，当然还不是全面深入的讨论。现在我们倒过来说说汉语哲学的"优势"和"强项"。

首先我想说，汉语哲学的第一个优势不在别的，就在于汉语本身，就在于汉语哲学的语言特性和表达方式。这方面我在别处也说过，我采取的是一种比较狡猾的两重性或辩证法策略，一方面，由于汉语语言特性的限制，汉语思想颇多缺失和弱项；但另一方面，弱者也会有强力，我们的母语——汉语——委实是一种神奇的语言，它在过去一百多年当中吸收了西方的哲学、科学、宗教、艺术、器物日用等文明内容，施以汉语的表达，而我们现代汉语的常用字却不但没有增加，反而有所减少，如今已经降到了2300字左右，这真是一件无比神奇的事。汉语和汉语文化之伟大在于它对外来文化内容的强大吸收能力和抵抗能力。尽管时至今日，汉语仍旧是现代世界知识体系中的弱势语言，[1]但我们完全可以期待，未来汉语仍将保持顽强的生命力和包容能力，得以在无可抵

---

1. 有统计表明，虽然中文有着最多的使用人数，但在全球语言信息网络中处于信息的孤岛。涉及中文的翻译书籍，翻译入中文与中文翻译出的比例为4.7∶1，译入远高于译出，可见是一种文化弱势语言。1979年以来被翻译最多的前三位中文作家是老子、孙子和孔子，全是古人。而由外文翻译入的数量，中文也只排在第13位，日文是第5位，是中文的2.1倍。就此而言，中文目前是一种边缘语言。参看刘周岩：《汉语对现代文明的贡献有多大》，网易新闻 http://news.163.com/16/0506/14/BMD0DA7100014AED.html。

抗的全球英语化的浪潮中存活下来。

我甚至说过，我们根本不用害怕传统沦丧，只要汉语在，就有传统在，就有汉语思想和汉语文化在。因为传统之变也离不开语言，根本上也是被语言所规定的。所以，保护汉语的纯洁性而使之免受污染，倒是我们的当务之急，比如对于今天汉语中的字母词（包括外来缩写词，例如 NBA、GDP、APEC、G20 等）的日益泛滥，早已经成为一个备受争议的重大国家文化事件了。[1]

---

1. 商务印书馆出版的《现代汉语词典》第 6 版（2012 年）收录 239 个字母词，第 7 版（2016 年）收录 238 个字母词，引发学者们的热烈反应和议论，批评者认为这些外来的字母词不是汉语规范词，是非法的，违反了《中华人民共和国国家通用语言文字法》等法规。本人也认为，为保护汉语的纯洁性，外来词的"汉化"是一道不可轻易突破的底线。

汉语哲学的第二个优势同样也源自它的弱项，即它的浑然整体的关联性思维。受制于——基于——汉语固有的特性，汉语传统思维注重物与物、事与物、词与物、人与物之间的关联和关系，传统中国人的生活世界就是由这样一些关联和关系所构成的。老子《道德经》第二章的典型说法是"有无相生，难易相成，长短相形，高下相倾，音声相和，前后相随"。我们前面说了偏重人伦和关系的中国传统文化在法理上的弱规则性是一个弱项，为什么现在又说汉语哲学的关联性思维是一大优势呢？

这里我愿意指出的理由有两个。首先我认为，关联性思维是更合乎实事本身即生活世界的真相的。在生活世界中的人与事、人与物、人与人哪里是可以完全隔离开来的？

在生活世界中哪有孤立的事、物和人？自然世界是浑然整体性的，而关联性思维的根基正是浑然整体的自然观。其次我认为，关联性思维是更具未来性的思维样式，以此为基础的关联性文化是符合世界未来文化进程的。马克思早就预言人类将进入一个"普遍交往"的世界历史性的时代，甚至现代科技的进展也为此提供了支持，我们今天已经进入了一个万物互联的新时代。这里就显露了汉语哲学的未来生机。

在此我们还必须强调指出的是，传统欧洲思维也讲"关系"，硬要说传统欧洲思维不重视"关系"，那肯定是一种误解和曲解了。然而，传统欧洲思维主要关注的是"因果关系"，欧洲哲学的主体和主流重在论证（Begründung）和推论，意在探究事物和事态的原因、根据和基础（Grund）；欧洲科学的主体重在说明（Erklärung），实质上是"因果说明"，比如尼采就说，苏格拉底主义理论文化（科学主义）的基本特征是"因果说明"，凡事凡物，都得给出一个"理由"和"原因"，以及"理由"和"原因"后面的"理由"和"原因"，这已经是尼采所谓的"理论人"的基本特征和基本方式（今天我们人人都是"理论人"）；欧洲的基督教神学亦然，特别是中世纪后期的经院哲学，最终也走向了对作为"终极原因"或"自因"之神性的论证。基于线性时间观的欧洲传统哲学文化实现了一种线性超越。

我最近的一个说法是：线性时间观是令人绝望的。因为在线性时间的刻度中，每个人都无非是掰着手指等死的人。我们每天都只能感叹"逝者如斯夫"的线性流失，无可奈何，最后只好归于绝望。各民族的传统宗教不外乎是对这种绝望的一种挽救努力。而一直要到尼采，才开始破除欧洲传统的线性时间观，进入一种被我称为"圆性时间"的时间思考[1]。我所谓的"圆性时间"是与关联

1. 这里的"圆性时间"是我在解释尼采的"相同者的永恒轮回"思想时提出来的一个概念，类似于通常所讲的"循环时间"。区别于传统哲学和科学的"线性时间"，"圆性时间"是不依赖于计量的实存论时间，是植根于具体语境的承受性的时间。在《查拉图斯特拉如是说》第三部的"幻觉与谜团"一节中，尼采反驳"线性时间"观，基本论据是："所有直线都是骗人的。"如果所有直线都是骗人的，那么，A 从"瞬间"这个点出发后行，B 从"瞬间"这个点前行，他们俩会相交吗？尼采说，他们必定会相交的。这个论证是有力的。尼采由此推出"相同者的永恒轮回"。参看尼采：《查拉图斯特拉如是说》，孙周兴译，商务印书馆，2010 年，第 244 页以下；孙周兴：《未来哲学序曲——尼采与后形而上学》，商务印书馆，2019 年，第 265 页以下。

性思维紧密联系在一起的，这一点在尼采之后的海德格尔思想中得到了最好的表达。

在 20 世纪的现象学中，特别是通过胡塞尔的"意向性"学说和海德格尔的"形式显示的现象学"，才开启了一种关联性思维，即胡塞尔所谓的"先天相关性"和海德格尔所谓的"关联意义"。胡塞尔认为，对象是在与之相适合的被给予方式中呈现给意识的，而这一点又是不依赖于有关对象是否实际存在而始终有效的。或者说，对象（事物）是按我们所赋予的意义而显现给我们的，没有与意识完全无关的实在对象和世界现实性。意向意识本身包含着与对象的关联，这就是他所谓的"先天相关性"。海德格尔更进一步，认为"现象"是由"内容意义"（Gehaltssinn）、"关联意义"（Bezugssinn）和

"实行意义"（Vollzugssinn）三个意义方向构成的整体。"内容意义"指在现象中被经验的"什么"（Was），"关联意义"是指现象被经验的"如何"（Wie），而"实行意义"则是指"关联意义"得到实行的"如何"（Wie）。海德格尔大概会说：以前的哲学只盯着"内容意义"，而胡塞尔开始关注"关联意义"，我们要进而来思考这种"关联意义"是如何得到完成的，此即"实行意义"。[1]

四、结语：汉语哲学的时与势

从传统形而上学的"超越性思维"到主要由现象学哲学发动的"关联性思维"的转

---

1. 参看孙周兴：《后哲学的哲学问题》，第231页以下。

向，对西方文化来说是前所未有的，可能是西方文化内部最深刻、最有力的一次转变。但这并不意味着欧洲—西方哲学文化没落了，甚至于完全倒向了以关联性思维为特征的中国—东方文化，并不是证明了只有中国儒家文化才能拯救世界的论调；而只是表明，在新时代，具有自我批判精神的欧洲—西方哲学文化又为自己开出了一条新路。

今天我们充其量可以认为，在今天多元文化交融和冲突的世界文明格局中，除了依然占据主导地位和统治地位的科学—技术—工业文化（技术文明）之外，包括中国传统文化在内的非科技文明也获得了重新生发的可能性，像现象学这样的非正统的新思想可能性也已经在 20 世纪出现了，而且已经成就了宏大的气象。这时候我倒更愿意说，一种后种族中心主义的文化立场已经形成，中西文明——更应该说世界多元文明——获得了一个更公平的对话时机和交流平台，我们方能期待汉语哲学的创造性时机的到来。在线性超越的传统时代里，比如在黑格尔时代，也就是在欧洲中心主义占据支配地位的时代，世界多元文明是不平等的，中西哲学文化是不可能有平等沟通的可能性的。

我们已经看到，汉语哲学的劣势与优势，弱项与强项，显然是不可拆分的，甚至更应该说是一体两面的。所以说到这里，我也许赶紧得把我今天讲话的标题更换掉，换成"汉语哲学的时与势"。生命中一切创造性的生发都取决于"时"与"势"，重要的是"时机"。所谓"时机"，古希腊人用"凯若斯"（Kairos）来表示。现在看来，古希腊人真是绝顶聪明的，他们用两个词语来表示人们今天说的"时间"，也即区分了两种"时间"：一是 Chronos（时间），二是 Kairos（时机），前者是自然世界的"线性时间"，是"物"的时间，是线性的、可计量的物理时间，就像亚里士多德所讲的"时间是运动的计量"，也即海德格尔批判的"现在时间"；后者则是生活世界的生命实存时间，是"事"的时间，是创造性的"时机"，应该接近于我上面讲的"圆性时间"了。对"圆性时间"来说，关键不在于计量，而在于"时"与"机"的合成。

我也愿意猜度，汉语哲学的"时机"已经到了，也许正蓄势待发。

本书第一版书名为《存在与超越——海德格尔与西哲汉译问题》，由复旦大学出版社出版于 2013 年。一晃已经五年过去了。这次有机会重版，增补了两篇新作的文章：《我们可以通过汉语做何种哲学？》和《汉语哲学的时与势——再论汉语关联性思维及其效应》。故现在这本为增补版。增补版一共有了

1.《存在与超越——海德格尔与汉语哲学》（增补版）由商务印书馆出版（2019 年）。

八篇文章，我索性把它们分为两编，第一编为"海德格尔著作之汉译"，第二编为"西哲汉译与汉语哲学"。因为新增了两篇关于"汉语哲学"的文章，故增补版的书名也做了调整，立为《存在与超越——海德格尔与汉语哲学》，以为更恰当些。

关于"中国哲学"或"汉语哲学"，我是外行，也是局外人，本不该去掺和，更不该去发言的，但生性耳根软，容易被人唤来叫去的，一不小心就去参加了北京大学主办的"北大汉语哲学论坛第二届"（2017年12月9—10日），于是有了《我们可以通过汉语做何种哲学？》一文，其实是一个会议讲稿，成文后发表于《学术月刊》2018年第8期。一年后在浙江大学举行第三届汉语哲学论坛，我也是答应参加的，于是写《汉语哲学的时与势》一文，没写完，而且在时间安排上发生了冲突，未能赴杭州参加会议，后来只在湖北大学哲学学院主办的"改革开放四十年与中国当代哲学发展"高端论坛（2018年10月14日）上讲了个大概（其时立题为《汉语哲学的优势与劣势》）。修订本书时，我下功夫扩充和完善了这篇未完成的稿子。

前些年，中国哲学或汉语哲学的合法性竟在国内哲学界成了一个问题，受到热烈的讨论，也是让人吃惊的事。我觉得这方面我们要清理一下思路，不然难免会陷于无谓的争论之中。我认为需要肯定的几点是：

一、无论是谁的或者哪里的哲学，哲学都是普遍化的学问，用西方术语来说即普遍科学，也就是观念构成方式。哪怕是以个体主义为标识的"实存哲学"（通常所谓的"存在主义")也试图形成关于个体此在的结构性理解和解释。

二、汉语哲学是一种不同于欧洲传统主流哲学的观念构成方式，一般而言，任何一个民族都有属己的观念构成方式，不然就不可能有自己的文化和观念世界。

三、哲学的基本特性和基本方式是论证—推论，论证—推论却有强弱之分，但这种强弱之分不是优劣之分。

四、欧洲传统主流哲学是一种强论证—强推论的哲学，而汉语哲学却是弱论证—弱推论的哲学或者观念构成方式。

五、19世纪中期以来的欧洲现代哲学主要在现象学和实存哲学名下开启了一种弱论证—弱推论的哲学样式，因此对包括中国思想（汉语哲学）在内的其他非欧洲思想方式有了更多的亲缘性和开放性，但并不意味着它完全倒向了后者。

六、相反，我们必须看到，今日全球文明的现实仍然是由欧洲传统主流哲学和理论文化规定的——我们千万不可误判哦。现实如此，人性亦然。以尼采早年的说法，无论你是谁，今天人人都是"理论人"。

以上是我关于汉语哲学的基本看法，希望本书第二编的几篇文章已经把这几点看法大致说清楚了。更多的话我也说不上来了——而且，话多必失，收住为妙。

孙周兴

2018 年 12 月 20 日

后记

收在本书中的四篇文章，原为拙著《存在与超越——海德格尔与汉语哲学》(商务印书馆，2019 年) 的第二编"西哲汉译与汉语哲学"。我这次把这部分文字抽取出来，单独成书，仍然是四篇文章，设为四章，但重新命名，冠以《汉语哲学论》，以显示主题。最近一些年来，"汉语哲学"主题受到哲学界关注，我虽然不算积极，但也曾参加过一些讨论，也发表了少数几篇相关的文章，若以专题出版，说不定也可赶一回热闹。

在本书"附录"部分，我收了拙著《存

在与超越》的"增补版后记",原因只在于,我在这个"后记"简洁明了地表达了关于"汉语哲学"的六个判断。

还需要做个说明的是,为什么把这本由几篇关于"汉语哲学"的文章凑起来的小书也放在"未来哲学系列"里出版呢?大致说来,"未来哲学"的主要课题是"技术与未来",也即要对今天和未来由技术支配的新人类文明做出探讨和解释。"汉语哲学"与此有关联吗?当然啰。作为一种虽然日益被世界化或者说被主流世界文明影响和烙印、但至今依然别具一格的汉语思想方式或者我所谓的"观念构成方式","汉语哲学"具有汉语性,也具有世界性,因而具有未来性,是"未来哲学"的基本要素。或者我们完全可以说,只有作为"未来哲学","汉语哲学"才是可能的。

这次修订再印，为加强"汉语哲学"主题，我对四篇文章作了程度不等的修改润色，包括重置标题、结构调整、文字增删等，目标是让四文合成，看起来像一本专题著作。但改动有限，文章理路和文气均未有变化。特此说明。

2024 年 5 月 15 日

图书在版编目(CIP)数据

汉语哲学论：基于现象学语言哲学的视角 / 孙周兴
著. --上海：上海人民出版社，2025. --（未来哲学系
列）. -- ISBN 978-7-208-19458-8

Ⅰ. B2

中国国家版本馆 CIP 数据核字第 20254TK012 号

责任编辑 陈佳妮　陶听蝉
封扉设计 人马艺术设计·储平

本项目受浙江大学教育基金会钟子逸基金资助

未来哲学系列

汉语哲学论
——基于现象学语言哲学的视角

孙周兴 著

出　　版	上海人民出版社	
	（201101　上海市闵行区号景路 159 弄 C 座）	
发　　行	上海人民出版社发行中心	
印　　刷	浙江新华数码印务有限公司	
开　　本	787×1092　1/32	
印　　张	5.5	
插　　页	5	
字　　数	52,000	
版　　次	2025 年 5 月第 1 版	
印　　次	2025 年 5 月第 1 次印刷	

ISBN 978-7-208-19458-8/B·1827

定　　价　40.00 元